安東車戰놀이

申世薰
장편 대하 長詩

도서
출판 天山

안동 차전 놀이

申 世 薫 장편 대하 長詩

上元甲子
8937
+2025
―――
10962
5923
4358
2576
2569
2025

도서 출판 天 山

自 序

4인칭을 발견한 서사시 동채 싸움 '안동 차전 놀이'
—— 1인칭 '나', 2인칭 '너', 3인칭 '그' '저', 4인칭 '우리' 통일 역사 시공간 문명 문화

내가 '80년대 초 잠실 4단지에서 살 때 '안동 차전 놀이'를 서사시로 쓰고 싶었다.

그 뒤 1990년도에 와서야 자료가 일부 모아져 쓰다 그만둔 원고를 추스려 다시 쓰기 시작했다.

─────── 自 序

    1980년대부터 1990년대, 그리고 20년이 다 되어서야 겨우 원고를 건지기에 이르렀다. 근 30여 년만에 자료를 구하게 됐다. 토속말로 쓰여진 '안동 차전 놀이'가 된 것이다. 그것도 30여 년만에….

— 한기10962·한웅기5923·단기4358·공기2576·불기2569·서기2025. 4.25. 穀雨節.
충무로 도서 출판 天山에서.

義山 申 世 薰

차 례

申世薰 장편 대하長詩
安東車戰 놀이

제1장   앞머리시 소리잇기/ 9
제2장   이름짓기까증엔/ 22
제3장   옛얘기 따라서야/ 27
제4장   옛전쟁터를 찾아서야/ 34
제5장   병산성 싸움 전설따라서/ 40
제6장   '安東車戰 놀이'란?/ 49
제7장   전승된 경로따라/ 52
제8장   고려 통일부른 安東文化圈 놀이래/ 55
제9장   동채싸움놀인 민중 꼭두정신 불밝혀/ 59
제10장   놀이철과 놀이들레너비/ 61
제11장   東西部 놀이모양새 엿보기야/ 64
제12장   놀이준빌 하기까중은/ 67
제13장   정동챗감 만들어 세우기야/ 74
제14장   재정 경비 조달과 구경꾼 모으기야/ 76

申世薰 장편 대하長詩

安東車戰놀이

차 례

제15장　동챗 모양새(구조·규격) 끄리기야/ 77
제16장　동채꾼 편성과 싸울아비들 활동 범위는/ 85
제17장　大將軍의 완수 신호와 구호에/ 90
제18장　싸울아비들 싸움규칙 있어예/ 94
제19장　'安東車戰 놀이' 맞불 前戱라예/ 98
제20장　'安東車戰 놀이' 會戰 실황 중계라예/ 103
제21장　'安東車戰 놀이'(동채싸움) 경기 요령은야/ 123
제22장　이기고지는 승부가림 수엔야/ 126
제23장　동채싸움에 얽힌 고을인물들은야/ 128
제24장　'安東車戰 놀이' 경기 심판 제도는야/ 131
제25장　'安東車戰 놀이'를 제도화하기까진야/ 135
제26장　경연 규모·규칙 요령은야/ 137
제27장　뒷머리시 먹이기/ 149

제1장 앞머리시 소리잇기

안동땅
강다리
놋달이
떴네야.

가수내(佳水川) 땅
통다리
통놋달이
떴네야.

동동 하얀
모시얼
치마허리
놋다리에,

노국 공주
보선발은
살짜기나
오르고야.

월사 뎔사(越沙遁死)
워어이!
동서 상거리
백시오 리
남북 상거리
두 백 반 백.

동채싸움
고창(永嘉) 고을
합저고리
휘저고리.

安東하! 크낙헌 大都護府야.
골골마닥
얼시 절시
들먹이고야.

싱싱 맛들(馬ㅅ들)
새플바람
맑은잠도다
깨고야.

참나무 등칡
삼놋줄에
머릿털 꼬릿채
동놀이 그리다가,

자른꼬리 머릿털
가르새(가룻세) 올림대
고뺏대
고삐끈
방석,

털썩 짚석
앞폭 뒷폭
챗목 뻘썩
정동채 · 가동채 · 째깃동채
오름대야,

덜컹 오르고, 또 오르고,
덜컹 또 올라 불쌈질하고야.

제1장-1.

고삐끈 고뺏대
잡으리,
대장군은
잡으리야.

째깃동채
나오니라.

흰벙거지
청벙거지
동채꾼하,

머리꾼 · 놀이꾼
청룡 · 백호군
동채꾼하.

고삐꾼 고삣대
잡으리,
대장군은
잡으리야.

앞채꾼
앞놀이꾼에
뒤채꾼
뒤놀이꾼하.

끈하, 끈하.
동군·서군
오른팔
튼손바닥
앞으로나
젖혀라야.
오른팔
뒷손바닥
뒤으로나
젖혀라야.

왼팔
손바닥
뒤으로
밀어라야.

빼애라,
돌아라와.
東이야,
西이야,
돌아라와.
동챗밑은
들지 말고
동챗머리를
올려라카이야.

제1장-2.

'밀어라, 대어라.
머리꾼 복판은
한복판이라,

미투릿발
발판 올라
공중에 휘뜨고야.

보름달 먹은
붕긋찰밥
입에나 목에나 다시
다부 올라오네야.

짚신발 벗어라야.
던져라, 던져올려라야.
동서 북소리야.

허공에
튕겨져라와, 튕튕 튕겨올려져라와.'

제1장-3.

워어——
이이——
히히——
월사!

월사 덜사
이긴 북이야.
신라 古昌城
甁山 따에,

가수내(佳水川) 대첩
洛東 상류 지게뿔 대첩
'조물성 대첩'
승전고 울이냐.

8공산 달덩이
고려 장군 여덟 스러진 울덩이
견훤군 포위망 뚫고
王建 살린 공산쌈,

왕 건 대신 壯節公
뺏긴 가짜 왕 건 목
王建 아닌 숭겸 머릿덩이.

냇물건너
서녘하늘 쳐다보니,
'半夜月'이라.

합장다리
쫓아 건넌 후백제군
지렁이 甄萱
예까중 오니나니.

돌메(石山) 모랫골
쏘(沼)에, 쏘에,
거랑(가람)에, 거랑에,
동동다리
동동 견훤
동다리치고야.

동다리쳐
天馬山城에
부여라, 부여
'낙화암'쪽
백마강가에서나
눈콧물 뺐네라야.

제1장-4.

　　　　월사 덜사(越沙遁死)
　　　　위위이고야.
　　　　등등소리
　　　　등등 쪽지게
　　　　쪽지겟채우에
　　　　오른 東西 대장군이야.

　　　　安東 대도호부서
　　　　大高句麗 후예 고려인
　　　　통일 대고려인 났네야.

　　　　기등채
　　　　나뭇동채
　　　　나무째깃동채
　　　　통째깃동채,

　　八公山 동수 싸움 포위돼 패전
　　　　쫓긴 王建은
　　　　칠곡·군위·영천·의성
　　　　동북서로 쫓겼네와.

　　　　安東 甁山城
　　　　金(宣平) 성주가 나와
　　고려 왕 건 목어깨를 그러안아 살렸네야.

얼시구 쿵덕
방아째기
방석째기
째기동채 그째기에,

敬順王은야
新羅를 코앞에 두고야
서라벌 정부 목통을
어이하리야.

제1장-5.

太封國 弓裔는야
그그적부텀
어딜 갔는강.
高麗 왕 건이만
외오 뚝딱
잘도 떡을 치고있네야.

칭이야 칭칭
한마당 막춤추네야.
병산 모랫골
가수내(佳水川)를,

소금물 흐르는 그가수내를
그내(川)를 건넌
가시내마을
庚寅 정월에
땅불 났네야.

고래고래
징소리속에
허연 송악 봉황새
개성 궁궐 청룡 · 황룡 깡철새
궐문 훨훨 날아나왔네야.

고구렷
되찾으려던
한겨레 발해 후예 한님이었네라야.

공민왕
눈빛얼녗에
허여니나 널려걸린
魯國이나 공주
엉덩쨰기에
洛東이나 江
놋다리.

물새신다리에나와
오르내리사와
날고오르고사야.

살풋살풋 날풋살풋
기울어진 나라 산천 그리매는야
하마하모 오르내리곤야
날고오르곤야.

제1장-6.

안동다리
강다리에
시골처자 모시통허리에
놋다리공주 흰달님이
동동 홀로 떴네야.

둥둥 뜬 다리 아래위를
머리꾼 허리꾼이
곁고뜬 아래위를
동채꾼 놀이꾼은야,

앞채꾼 뒤채꾼
월사 덜사(越沙遁死)
앞놀이꾼 뒷놀이꾼,

월사 덜사
東 대장군 西 대장군
이이 히히!
이이 히히!

밀보리 · 귀리밭 물결에
하얀하얀 메밀밭 달밤
정월 보름 대보름밤에,

잔조론 물살밭에
메밀꽃 달빛다이야
휘영청 널려 휘청!
휘영청 휘영청 피었네, 피었네야.

〈1975.9.24.밤. 불광동에서.〉

제2장 이름짓기까중엔

놀이쓰임샌 동채니라왜.
동챗놀이는 동채싸움
동채싸움은 차전(車戰)놀이
차전놀이는 이붓스런 이름,
그래 '安東車戰 놀이'라 했느니.

동채는 동테가 아니여.
동테면 수레라, 둥그런 바퀴라카니라,
그러니까네 '동테'는 아니여.

그래그래 그예 수레바퀴 아니리.
놀이 참다운 참이름
'安東車戰 놀이' 십장부를 뉘 있어 알리.

春川·加平 車戰 놀이로
安東 동채가 동테될 리야.
동채싸움이 왜 차전놀일까와.

파리채·모기채 '채'자 돌림
동채싸움있는 거도
그리그리 몰랐는강.

동채가 어찌
둥그런 동테일까.
동채가 어찌
둥그런 바퀴일까.
수레이고, 싸울아비들 車戰일까.
얼시 절시 헛말은 아닐러라야.

놋방패는 人車(인거)를 맹글고
人車는 人戰車 장갑차였니라와.

화살·칼날 달랑 꺾어잘라놓곤야
불길 물길 받아내설랑은
적진뚫곤 나갔니라와.
이런 兵法 車戰일리라왜.

동채는 同体 기둥일리.
동챗기둥은 동챗통기둥
동챗기둥째기는 좌우 동채통째기
기둥과 째기통은 통수가 한몸통이니라.

째기와 째기통을 보았나니.
째기엔 통기둥살 쫑긋쫑긋 뻗어나있고야
벌떡 선 곳엔 살기둥살 버텼니라와.
살기둥살은 같은 지기둥 자기살기둥
지기둥끼리 살기둥채가 되었느니.

살채는 또한 같은 살기둥채라카니,
잠자리채 얼기미채 그살채라카니와
살기둥채에 살등치 同体니라야.

이쪽 저쪽 쪽 同体끼린야
東軍 西軍 쪽 同体끼린야
南軍 北軍 이녘 同体끼린야
기둥끼리 이녘끼리 끼리끼리 싸우니라와.
흡사흡사 월사덜사야
南男北女끼리같이 싸웠니라야.

꼬리잡고 싸웠니라와.
채를 잡고 싸웠니라와.
여직여직 싸우고있니라와.

오래 별러 치른 아픔은야
아픔끝엔 언제라도 끝장보자 겨뤘니라.
南男北女끼리 끝장볼 날도 없이 겨뤘니라.

이쪽 군사 4철나뭇잎
저쪽 군사 진달래꽃잎
東軍 西軍 한 同体 끼리끼리
東西 相距離 백시오 리 끼리
남북 상거리 두 백 반 백 거리에
3천리따에 王建은 살아 내려올 리야.

약식 동채는 째깃동채
째기는 각각 작은째기
문째기짝 판자짝 面끼리 짝 洞끼리 짝에
째깃동채 싸움은야
이녘끼리 겨루는 동챗놀이였니라와.

정식동채 싸움은야
대도호부 갈라놓은 싸움
東西 北西로 가른 동채싸움
이저것 美人花 꽃밭같을러니.
서녘해 지는 메밀꽃밭같을러니.
산마루 꽃놀타는 메밀꽃밭같을러니.

이발꾼 저발꾼 東西軍끼리
이놈 저놈도 南北軍끼리었네라야.
정식 동채로 서로 싸울 적엔야
王建軍이 이겼니라와.
甄萱 지렁잇군이 져줬으니까네야.

王建精神은 弘益精神
안동따에서 도로다부 싹텄네라와.
고려 정신이 가시내 첫정들 듯 싹텄네라와.
句麗 통일 多勿 정신이 洛東子宮 속인 듯 싹텄네라와.
大高句麗 따에 압록·두만이 '훈'빛텄네라네야.

'생글생글 생가락지
호작질로 닦아내어
만져보니, 보름일레라.
끼워보니, 달빛연일레라.'

車戰 소리 월사 덜사
언제부턴가
이고을 저골서
겨룸소린 터져쌌니라.

천 년 전 이땅 후3국따엔야
견훤이가 지렁이로 태어나선야
꿈틀움틀 고창따으로 기어나왔다간,

모랫골 가수내 王建 칼날빛에 놀라 그만 도망칠 적
그때부텀 洛東 상류 가수내들 모랫사장에선야
월사 덜사 워이어이야,

農軍·城軍·등짐장수
서로 섞여 외쳤니라야.
밀어라! 이히히!
밀어부쳐! 워이어이!

〈1980. 잠실 4단지 집에서.〉

제3장 옛얘기 따라서야

옛글에도 씌여 있네예.
붓과 살을 헤쳐건너예
눈과 눈빛을 비쳐건너서예
입과 다문 입술을 스쳐건너서예
말과 갓핀 말꽃을 따물곤 이어서예
흰머릿카락들 옛얘길 했네라야.

흐르는 소백·태백
시여울·개울 전설은야
洛東一牛 싸움터는야
洛東臥牛 누뷥터는야
고스란히 예그대로이네라와.

병산따 견훤 병정들
바지춤 비릿내야.
아이고마 지렁이오줌
수채도랑 비린내라카이야.

'萬姓譜'에 이르기를야
'新羅時 以古昌城主金宣平
刑官 權(金) 幸 張 吉(貞弼)
率先高麗歸附 謀於衆
甄萱雪恥討平'이라 했네야.

'東國誌史'에도 쓰였기를야
'高麗太祖 與後百濟 甄萱
戰於郡地敗之….'였니라왜.

'高麗史'엔 이렇듯
'新羅敬順王三年己丑十二月
甄萱圍古昌郡
王自將救之庚寅春三月
王自將軍古昌郡甁山
甄萱軍石山相距五百步許
逐與至暮萱敗走
獲得侍郞金渥死者八千余名
以古昌城主金宣平爲大匡
權幸張吉爲大相…
陞郡爲安東府'라 했느니.

'大東韻玉'이나 '東國史略'엔야
'東國通鑑'이나 '東史綱目'엔야
'東史會綱'이나 '東史纂要'엔야
'麗史提綱'…들에도,에도, 에도….

견훤은 왕 건을 쫓아따르고야
왕 건은 견훤군을 뒤돌아보고야,
곧장 견훤은 결판내 이길세로야
쫓기는 왕 건은 밀려나 질세로였느니.

쫓기고, 따르고, 겨뤄가매야
오줍싸게 다다른 곳이 양반골
그곳이 신라 고창성 洛東 永嘉 땅
지금의 안동땅 양반고을이였네라와야.

金 성주 宣平, 權 형관 幸, 3형제 아우 張 吉이
신라 경순왕을 모시듯 깎듯했네야.
고려 왕 건을 무릎꿇어모셨느니.
신라 고창 백성 이끌고나와설랑
왕 건 독립군에 가담해 날을 갈았느이.

지렁이가 허리밟혀 동강난 곳엔
왕 건이 군발이들 춤을 췄던 곳.
신라 고창성 병산따 猪首峰·石山 기슭 가수내(佳水川) 각시내동
마지막 용호 상박 싸움터가 예였네라와.

지렁이 내뺀 가시내마을(西枝洞) 공터
백사장 모랫골(沙谷洞) 가수내야.
월사 덜사 소금쟁이·보부상
너도나도 지게뿔 서로 괴고서리
간고등어 등짐장수 째깃춤들을 췄네야.

백두 대간 太小白 줄기
소금장수·새우젓장수 꼽추춤
왕소금 뿌리던 얽손을 씻고선야
가수내 지게뿔등에 올라탔네야.

지게뿔은 지게뿔끼리야
보부상 등짐장수는 등짐장수끼리야
소태백 뿔농군 참농군 얼씨구 절사 좋아
월사 덜사 병사들 엉덩춤이 볼만했네야.

'三國遺事'에 전해오는 말로는야
견훤이는 지렁이아들이었다네야.
가수내 소금가마 몰래 넣어
지렁이장군 정기를 뺐느니.

왕소금물 웅덩이에
지렁이장군 미역목물하느는
제아무리 후백제 황제 견훤인들
기가 빠지잖고 어이리야.

점점 왕지렁이 온몸은
정기가 쇠약해져만 갔다네예.

가수내에 벌거벗은 동챗기둥 지렁이장군몸
대들보 동챗기둥감이라 해도 시들퍼들
후백제 왕 거시기 동챗대들보감이라 해도 흐물흐물
날이면 날마다
비비비를 틀려만 갔으리야.

넉삼뿌리 고삼술에도 시들퍼들,
놋요강앞엔 시들새들 쪼르륵쫄쫄 대롱소리
시들대로 시든 견훤이 다리 지렁이껍질다리
東北 洛東 상류 소금물에 지지리도 절여졌다네그라.

얼씨구 절씨구 월사 덜사
安 노파 넉삼대술(고삼주)에 취한 독불 장군 홀몸으로
홀홀 단기 백말 즈려 잡아타고는야
뒤도 안돌아보곤 '도망구'를 쳤다네그라.

'昔一富人居光州北村
有一女子姿容端正
謂父曰
每有一紫衣男
到寢交婚
父謂曰
長孫貫針刺其衣
從之至明尋絲於北墻下
針刺於大蚯蚓之腰
後因姙生一男
年十五自稱甄萱…' ('三國遺事').

견훤이 왔네예,
지렁이장군이 왔네예.
꿈틀대면서 왔네예,
꿈틀음틀춤을 추면서 왔네예.
瓶山 따에, 돌산머리 골짝틈서리에예.

간수내(佳水川) 냇가웅덩이에,
혹은 높다란 저수봉엔예,
합장다릿목에선예
한판치르고예
왕 건 목을 달랑 자르려했다네예.
공산(公山)싸움에선 포위돼
진짜 잘릴 뻔도 했다네예.

견훤이 홀딱 속아 지고갔다네예.
왕건군은 그만 지게뿔춤을 다 췄다네예.
모랫골(沙谷洞) 건너 洛東 臥牛江을예
휘젓다 놀래 혼줄빠진 듯 냅다 달아났다네야.
이기려다 다부다부 지고쫓겨 도망갔느니.

부여 방면 백말 혼자 타고예
소피도 볼새없이 채 막도망쳤다네예.
가수냇가에서 3동겨을 내내 보내고예
안씨 노파 고삼술에 녹아 부하 장수 다 잃고예,
혼자 구렛나루목만 달랑 매달곤 돌아갔느니.

사람보고 돌던지고예
대동맥 쳐서 피뿌리고예
창던지고, 포로 잡아와 살갖발기고예,

활을 쏘고쏘고쏘다는예
목통마저 절벽으로 내던진 채예,

훤아, 훤아, 견훤아.
겨울눈 밟아온 하얀발자국 흔적조차 잃고는야
그만 넉삼대술에 혼을 뺏겨설라문야
혼자 목울대만 달랑 달곤 물러갔다네야.

월사 덜사 워어이──
동서 相距離 백시오 리
남북 상거리 두 백 반 백 거리
견훤이 지렁이장군 오지랖을 붙잡으리야.
그냥 두고는 춤만 추리야.

안동따 낙강다리엔야
공민왕, 魯國 공주 다리엔야
紅巾賊 돌다릴 피해온 피난다린야
노국 공주 놋달징소리가 떴니라와.
안동땅 피난 적에 大都護府 간판이 떴니라와.
들썩들썩 들떴니라와야.

〈1980. 잠실 4단지 집에서.〉

제4장 옛전쟁터를 찾아서야

'安東車戰 놀이'는
중요 무형 문화재 제24호라네.
南韓 땅 경상도 전승 대표 민속놀이라네.
안동 반촌 金明漢 翁이 그기능 보유자라네.

옛 仙風 화랑 정신 꽃핀 놀이
'안동 차전놀이' 동채싸움놀이
참다운 민속 기록물놀이 전쟁놀이
육·해·공 각 군·읍 각급 校庭 놀이였니라와.

慶尙北部 안동 문화권 전승 조상놀이
고풍어린 고려조 협력·단결·평민 전쟁놀이
승리·축제·민중·평화·협심 놀이
大東祭 되살린 화랑 정신
句麗 놀이 연장 演戱라네예.

전래 민족 대중 내림 예술은
국학·민중 연극 연구 자료의 한겨레꽃이라네.
민족 주체 정신 확립 요소의 꽃봉이라네.

서양 민족 흑말춤·백말춤에예
우리춤 혼을 소흘히 다루는
사대 큰집 밥그릇바람에
늘려죽는 주체 운동엔
은근슬쩍 정체성 확립 요소쯤은 됐다네그랴.

'안동 차전 놀이' 東西 동채싸움놀이는야
한민족 전래 민속놀이 봄꽃 중
참꽃놀이라매예.

상무 협동 정체 정신
애향심을 살려낸다매예.
겨울남자들 그기상도 演戱로 보여주었느니.

한 고을 하늘아랜
니도내도 전부 다 떠들썩했니라와.
향토 오락 불꽃으론
온산천 타올랐을 만하이.

明漢 翁은 고려·백제 후3국 전쟁 실화를 살려낸 실학파
경상 북부 안동땅의 인간 常綠樹
무형 문화재 동채싸움 기능 보유자
'海東車戰 놀이'를 되살린 醫師
민속 민중 집단 演戱 연출 예술가에
쌈짓돈을 털어 동채싸움 본빛얼 살린 義人이었네예.

35

고희·喜壽·傘壽·米壽·卒壽·白壽가 넘쳐도
아직은 청춘
동채싸움은 東西 영호남 민중 민속 민족 예술
기록 전승 날로 더욱(日益壯) 愛鄕했느니.

깨깃동채싸움은
고을마실 끼리끼리예
후3국 골골 동네마닥 모여 놀던
젊은네들 놀이라예.

신라 敬順王 3년 기축 섣달의 일 중엔예
왕 건과 견훤의 最終會戰
막상 막하 승첩놀이 재현이 있어예.
지렁이가 꿈틀음틀 古昌 고을 기어다니다가야
병산성 3동 저녁답
그리매로 쫓겨나 물러갔단 얘기라예.
간수내(가수내)에 등물하며
농사짓고 겨울보낸 지렁이장군 견훤이
간수내(佳水川) 모랫사장 혼줄나게도
훌쩍훌쩍 뛰어건너갔다네예.

가시내마을(西枝洞)을 저만치로 뒤로젖혀두고야
어둠살이녘 모랫골(沙谷洞)을
살짝하니도 쏙 빠져 줄행랑쳤다네예.
후백제 지렁이왕은
沙伐國 아자개 큰아들 백말탄 견훤이라네예.

훗날엔 弓裔까지 폐위시킨 왕건이 병정들은야
달구벌·칠곡·군위 둘레 公山 싸움선
풍비 백산 쫓겨났다지만예.
예안 甁山 싸움서도예
지지리 줄곧 내쳐 패하고예
합장다리(合戰橋) 전투서도예
꼴보기좋게 매란없이 패하고도예,

合戰橋·예안선 猪首峰 石山으로 밀려나
피차 동지·섣달 3동겨울을예
'吳越同舟'로 보냈지러야.
경순왕 3년 臘月(섣달)부턴예
이듬해 경인 춘3월까지예
넉달을예 내리 서로서로 움츠린 채 越冬했다네예.

한번은 돌머리뫼(石山)에서예
王建이가 대승
간수내 벌판 왕건+견훤 5백 보 거리에서예
小太白 저녁답이 내렸다네예.
어두움을 뚫고 견훤이가예
허연 愛馬를 잡아타곤예
혼자 '36계'를 놓았다네예.

가수내 은모래사장을 푹푹 가로질러서예
다시는 못올 길 월사 덜사
'36계'를 놓았다네예.

이때 소금장수·등짐장수·지게꾼·보부상들이예
지게뿔 대놓고야
월사(越沙)·덜사(遁死) 지게양귀뿔 서로 걸어서예
지겟다리에 王建 패거리 올려태우고는예
지게뿔싸움을 걸쳐걸어엮었다네예.

이것이 훗날 동채싸움되었다간예
'安東車戰 놀이'로 발전했다네예.
오늘날 동채싸움 火戰 놀이가
햇빛을 본 것이라네예.

병산성 金 성주(宣平)는
大匡 벼슬에 올랐다네야.
또다른 형제는
'金'을 '權'(幸)으로 賜姓받아선야
'張'(吉)과 함께 大相을,
올라타고밟곤 웃었다네야.

이모두 고려 통일 왕 건이가 내린
개국 공신 벼슬이었다네야.
안동 金(宣平)·안동 權(幸)·안동 張(吉) 씨들이야
고려 개국 공신 3太師로 封 받았느니.

王建 장군 대신
스스로 나가 죽은 첫개국 공신
壯節公 申崇謙 장군
뒤따라 金 락 장군도
고려 개국 공신 반열에 올랐느니.

西京 8관회 '假像戱'를 본 고려 예종이예
마지막 향가 '悼二將歌'를 지어부르면서예
두 二將(申·金)의 충절을 기렸다네예.
그후손들을 불러
벼슬도 내렸느니.

병산성 개국 공신 세 장수들
'權'씨 '張'씨는
사성까지 받아 재상에 올라선 뒤
이고을 신라 백성들 모두
통일 고려 왕 건을 도왔다네예.

이웃 沙伐 상주 출신 견훤은 돕지않고예
외려 먼개성나라 고려를 도와
지렁이장군을 몰아 물리쳤다네예.
沙伐 아자개 부모마저 버린
지렁이 견훤이라서예
상주·안동 고향쪽 사람들까지도와
도로무기끌로 다부 버림했다네예.

〈2020.9.18.巳時. 筆洞 서애로 '自由文學'에서.〉

제5장 병산성 싸움 전설따라서

연전 연승 거듭한 甄萱軍은
기고 만장 충천해
남의 땅에 와서까증
방만·방자·유흥을 일삼아 놀아왔다네.

金宣平·權幸·張吉 3장군 쪽은
늘 빠짐없이 鄕民 단결 군사 조련
군민 결사 정신 무장 새삼 다져가며
王建 측 연전·연패 설복을 다짐했지러.

견훤 진영 猪首峰 기슭 오두막 한 늙은할미
그녀 安中嫗 노파가
오두막주막 하나 열곤 앉아있었네.

일일이 견훤 움직임과 그기밀을
소상히 병산성에 알려줬네그랴.
王建 편의 든든한 첩자노릇
목숨걸고 해냈다네야.

安 할마시가 알려준 첩보 중엔야
지렁이 3신 견훤의
일거수 일투족도야
매일매일 자상스레 알려줬다네야.

견훤은 새벽마다야
한 차례씩 쏘(沼)에 나가 목물을 했다네.
지렁이 3신을 타고나여
매매일 알몸을 감아야 했다네와.
그래야 지렁이 원기가 회복된단 기밀을 알렸느이.

이로써 견훤은야
지렁이의 화신임을야
적진영서도 확신했느니.

왕 건은 이때부텀 암사받게 비밀리
견훤 진빼기 작전
감쪽같이 시작했다네.
청송·영덕·안동골 등짐장수·보부상을
몽땅 불러 모았지러.

이들 모두 소금등짐장수로 위장해
견훤 장군 목욕하는
洛東 상류 가수내 일대에다예
밤매중 몰래몰래예
왕소금가마를 잔뜩 져다부렸다네.

굵디검은 왕소금,
왕소금지게를 총동원해
낙강 온데 상류에다
살짝살살 먹소금가마닐 담궈두기 시작했다네.

낙동강 상류 간수내(佳水川)는
왕소금물거랑
지렁이장군 견훤이
아침저녁 등물하는 웅덩이매중
매일밤 쥐도새도 모르게
짠소금가마닐 쏟아부었네야.
이 모두 王建軍 등짐장수 보부상들 작전이었다네.

그때가 庚寅 3월 解冬節
밤마다 洛江 상류 개천 물웅덩이매중
왕소금을 쏟아부어넣었지러.

이곳 지렁이 진영 猪首峰 골짜기 개울·웅덩이마단야
시개울물·가람은야 먹소금강물
온통 왕소금물(鹹水)로 넘쳐 흘렀네야.

하루도 빠짐없이 목물하던 지렁이장군은
날이 갈수록 날매중 기가 쭉쭉 빠지곤야,
날이면 날마다 몸이 부쩍부쩍 쇠약해져갔다네.

지렁이왕 만날만날 소금물 목물만 해왔으니,
온몸은 근질근질 근지럽고,
이상야릇 생기 빠져나가 전신은 노글노글
그럴수록 다시 또 등물 한 번 더하고,
또 등물했지만서도야
견훤몸은 점점 더 가렵고따가워
노곤노곤해져갔지러.

날이 갈수록 지렁이장군
강기(精氣)는 점점 더 쭉쭉 빠져나갔다네.

安老婆는 고삼뿌리(넉삼대)로 담은 술을 내와 독째
그 독한 넉삼대 닭똥소주와 동동주를 독째 독째
신라 독항아리 몇단지씩 전백이독술 빚어놓았다네.
그러곤 술할매 생일잔치 공짜로 연다며
몽땅 초대했다네.

견훤군 장수·졸개들 할것없이
모두모두 불러냈다네.
일선 초소 병정들 교대 전달로
오두막뜰 다들 몰려들었네.

부담없이 몰려들어
주는 대로 고삼술을 퍼먹었다네그려.

몇 마리 통돼지를 잡아썰어
술안주도 내놨네.
가시내마을 황소도 한 마리 잡아 내놓았네.

이날 할매집 별미 통돼지·황소곱창 안주는
쥐도새도 몰래
瓶山 김 성주가 감쪽같이 다 마련했겠네.

이날 견훤군은
지휘관부터 졸병들까지
모조리 예지리
고삼뿌리독술 취해 정신잃었지.
몽땅 혼수 상태되도록
공짜술을 퍼먹었네그랴.

勿失枝機라,
安老婆 전갈받은 王建 진영은
성안 김·권·장(3태사) 軍과 함께
일제히 기습 포위 공격
일선 배치 지렁이군은
단숨에 비리비리 무너져내렸지러.

주막벌판엔
나중 견훤군 7천여 명 목잘려 자빠져누워있었다네.
지렁이장군 쪽 장수 金渥도 잡혀
참수됐다네그랴.

후백제 견훤 장군 쪽은
혼비 백산해
부하 장졸들 가수내벌판 다 버려둔 채
홀홀 단신 흰모랫골(沙谷洞)을 벗어났다네그랴.
부여쪽 공산성으로 내빼다시피 도망쳤단 소문있네그랴.

猪首峰 · 石山 기슭 가시내 전투인
고삼술 大會戰을 두고야
후세 史家는 '曺物城大捷'이라 기록해두었네.
모두 다 安氏老婆 넉삼대슬판 덕이었느니.

안동땅 王建은야
甄萱을 확실히 이겼지러야.
그후 高麗를 편안하게(安)
늠름히 당당하게 세웠느니.

당초 구려 정신 이어받아
맨첨엔 後高句麗라 國書에 써선
나라밖으로 띄운 적도 있다네.

이때 병산성 3장군 뽑아 고려 太師로 봉했지.
金宣平 성주, 權(김) 幸·張 吉 3형제 장군
나란나란 3태사
셋 다 안동 金·權·張이란 賜姓받았다네.

이즈음 개국 공신 大相 3태사는
고창고을 백성과 소금·등짐장수들
한자리 다 불러모아놓곤
푸짐한 상품·酒肴로 戰勝宴을 베풀었지러.

天氣 진동토록 王建萬歲,
3태사 만만세소리 천지 진동했지러야.

등짐장수·보부상까증
쪽지게를 맞세워 들춰놓곤야
저마다 지게뿔에 接長들 올려태워 치켜받들었네.
'월사 덜사'(越沙遁死) 승전가 부르며야
족집게형 쪽지게싸움(동채싸움)도 벌였지러와.

춘3월 解冬節 이맘때면
고을 덕망높은 이를 모셔
지게뿔가지위에 올려태웠다네.
'월사 덜사' 노래속에 동채싸움 벌여왔다네.

족집게형·쪽지게형 두 동챗기둥 엮어가며야
동채싸움 벌여놓곤야
불질러가매야 놀다보니는야
이게 바로 '安東車戰 놀이' 아닌가배야.

민속놀이란
이래저래 발전 전수되어왔느니.

정(正)동채째긴
등짐장수 쪽지게와 같으이.
팔(上肢)을 끼우는 밧줄끈이야
올림대로만 변했지러.

戰勝鼓 울릴 때쯤은야
월사 덜사 구호를 외칠 때
견훤이 대패한 채 혼자 도망구칠 땐야
모랫골(沙谷洞) 흰모랫사장을 넘어넘어서
도망쳐 내뺐다는 '越沙' '遁死'! 저소리….

'덜사'는
견훤군 몽땅 몰살했다는 '遁死' 소리
이렇게 풀어주는
古老들도 있었다네.

이래저래 洛東上江을 두곤
鹹水(함수)라 하고야
一說 간수내(佳水川) 가시내마을(西枝洞)앞 흐르는
거랑(가람)을 두고 사람들은
가수내라 부른다네.

지금도 古記와 口傳엔 古戰 터 그대로
예대로 간수내→가수내→가시내(동)로 불려져내려오고있다네.

安東 3태사 廟宇 서편 쪽엔예
中嫗 安老婆 祠堂
'安廟堂'이 차려져 있네야.

春秋享禮엔
金 太師 退酒盞을
늙은 그녀 입슬로 꼬박꼬박 받아 마시고있었다네.

해매중 廟直을 통해
祭禮마다 金宣平 성주 退酒를
꿀딱꿀딱 받아먹고있었다네.

'永嘉誌' '安廟堂 重修記'엔야
'安中嫗 麗代女人'…
고려 건국 '曹物城大捷' 도움얘기까증도
그날 그때 가수내 전투 상황 고대로 실려있느니.

〈2020.9.18. 筆洞 서애로 '自由文學'에서.〉

제6장 '安東車戰 놀이'란?

줄다리기놀이같지만서도야
줄다리기놀이와는 정반대로 노는 놀이네.
줄다리기는 상대를 끌고오는 놀음놀이
동채싸움놀이는야
적진을 밀어내며 제압하는 싸움질놀이였느니.

양쪽 다 같은 동챗밧줄에 붙어서서
앞으로다 밀어붙이는 남성 예술의 최고 미학 싸움
이 車戰 하나는야 양 쪽 둘 다 一直線
유동·전진·후퇴를 거듭하는 놀이야.

좌우 회전놀이 흥미 진진 진진 흥미로워
구경꾼을 무아경에 빠트려놓았네야.
3冬 추위조차 흥분통에 다 잊게되느니.

始戰부터 終戰까진 약 세 시간 걸린다네.
동채꾼 역시 벼르고벼러온 열띤 흥분과 함성
會戰 끝나도록 모두모두 목쉰 강철소리
地域人士들도 거리로 나와 서서 함성을 질렀다네야.

머리꾼의 힘과 힘의 기싸움
동채싸움 그자체 힘만은 아니리.
협동·단결·규율에 민첩한 앞머리꾼
지휘 대장 발판에 불과한 앞머리꾼
적군 동채위에 뛰어올라 밟고누르기도 했네야.

힘에 눌려 땅에 먼저 닿는 동채쪽은
진다네.
이쯤되면 지고이기고 간에
판가름은 났네야.

서로가 서로 동채밑엔 들지않으려 했네.
동챗머릴 높이 올리려
온갖힘을 다 쓰곤 했다네.

머리꾼끼리 팔짱낀 채야
온힘 모아 단결
적군을 분산시켜야
내 편인 이편이 이겼느니.

유격꾼은
머리꾼들이 흩어지지않게 막아주었네.
4방 8방 포위해
밀쳐낼 때가 있었다네.

머리꾼 한복판 꾼들 짚신발은
공중에 3족오로 떴다네야.
정월 대보름상 차려먹은 대추찰밥덩이가야
목구멍입으로 되올라올
힘씸치기였다네야.
앞동채위로 오른 대장은야
비상한 병법으로 작전 계획 세워야
아군을 지휘해 이기나니,

力戰·會戰 약한 편은 후퇴를 거듭거듭
결국 역부족에 밀린 머리꾼들 흩어지면야
동채째기마저 붙잡힌 채 밑으로 깔리는 순간
이리저리 아까운 동채는 뜯겨나가고 만다네그래.

이쯤되면 승패는 판가름났다네예.
이긴 쪽은 신발짝 벗어 공중제비로 던져올렸다네.
북채꾼은 승전고를 울리곤 또 울렸다네.

빈운동장 들썩이도록,
빈들판 파도쳐 기우뚱 기울도록야
만세 만세 만만세를야
목쉬도록 불러제껴 외쳤다네그랴.

〈한기10957.예수서기2020.9.20.진시.秋分節. 筆洞 서애로 '自由文學'에서.〉

제7장 전승된 경로따라

'安東車戰 놀이' 동채싸움은예
천여 년 전 통일 高麗 태어날 때부텀야
쌍태아로 태어난 놀이 중 사내들놀이라예.

이고장 고창혼과 모시·삼베얼 배인 놀이
永嘉 지방 東西方 동가릴 나눠 동채를 엮맸네라예.
'永嘉誌'에 그리 써서 그려놓았다네예.

대일 저항기·대일 항쟁기엔야
반 세기 이전 항일기엔야
1922년 왜까마귀들 압력에야
민족힘 들썩이던 병산싸움 동챗놀인
중단당했다네예.

다음 세대 반 세기 후쯤
1966년 安東中 교장 朴順鎬 씨가 나서서야
학생 5백여 명 동원해
동챗놀일 살려냈느니.

서울 남산 '장충 공원'서 열린
전국 민속 경연 대회에 출전했을 적엔야
중학생 출전만으로도
단박 국무 총리상을 받았다네예.
44년만에 향토 고유놀일 되살려놓았다네예.

'67년 다음해부턴
중학생 아닌 청소년 층으로 끌어올려
義山 詩人 모교인
安東高等 학생들 발벗고 나서도록했네예.
'67 첫해 바로 文公部長官賞을 받았지러와.

그다음 '68년도엔야
드디어 大統領賞까즁 받았다네예.
또 그다음 '69년도 1월 7일엔야
한국 무형 문화재 제24호로 지정됐다네예.
이에 사단 법인으로
'安東車戰 놀이' 보유회가 태어났네예.
1971년 봄부턴 市郡內 초·중·고교
각 두 학교씩을 지정해
이 車戰 놀일 매해 演戲 전승….

이보다 한 해 앞선 '70년도부턴야
향토 예비군 훈련 때매중
동채쌈을 경연해왔느니.

이리저리 전승된 게 째깃동채싸움
'安東車戰 놀이' 정동채까즁도 전승됐다네.
王 建이와 甄萱이가
마지막 싸웠을 적 그겨름이었지러.

민중 민속놀이 단체 출연급으론야

뭐니뭐니 해도야

동채쌈이 꼭두놀잇감

'安東車戰 놀이'를 따라잡을 큰민속놀인 아직 없다네.

협동·단결 사내들 놀이론야

이땅 최고 품격 演戲라네예.

〈한기10957.예수서기2020.9.20.17:40.巳時. 筆洞 서애로 '自由文學'에서.〉

제8장 고려 통일부른 安東文化圈 놀이래

王建軍 安東 땅서
甄萱軍을 물리쳐 이겼지러.
그때부터 편안할 '安'자에
동녘 '東'
동녘 편안한 고을 '安東大都護府'로 승격했느이.
그전엔 그냥 永嘉·古昌 고을이라 불렀다네야.

3천여 년 전 3한 적엔 辰韓 땅
古陁耶國,
신라 싹튼 후엔 昌寧国.

武烈王 땐 古昌寧,
전성기엔 3만 인구
'永嘉誌'엔 慶尙北部·江原 일부까중 統治域.

그때 품은 동서 남북 郡縣 땅은
東西相距 1백 50리
南北 相距 2백 50리로
延通되었다네.

禮安·奉化·豊基(영주)·榮川(영주)·禮泉·比安(의성)·
軍威·仁同(칠곡)·義城·義興(군위)·新寧(영천)·永川·河陽(경산)·
盈德·寧海(영덕)·眞寶(청송)·靑松·旌善 땅이
다 安東大都護府 영지였다지러.

古陁耶國→昌寧國→古昌→花山→安東→永嘉→福州→吉州→安東府
→安東大都護府→安東道→安東郡으로
변하고도야 변하면서야
洛江과 함께야 흘러왔다네야.

다시 安東市·安東郡으로
갈라진 지는 오래 안됐지러와.
가슴엔 洛東江 상류 맛(馬)들
이저쪽 양수리 법흥골
북동녘머릿맡엔 太白山脈에
山紫水明 등성잇자락 영남산기슭.

서북녘은 소백 산맥
풍기·예천·문경 쪽
남동녘은
의성·청송·상주가
경계 이웃 고을이었다네야.

예부터 참 의협심 강하고 인심 淳厚
巨儒·名賢·達士… 많이도 태어난 고을이네.
독립 운동가도
나라안에선 제일 많이 솟아난 곳,
이고장은
'嶺南之雄府·士大夫之源林'이었다네.

예부터 '地廣慶州에
人多安東'이란 말 있네.
공민왕도 紅巾亂을 피해
安東府로 내려왔네야.

홍건적에게 쫓기면서도
예쁘디예쁜 노국 공주를 끼고왔지러.

安東 반촌 부녀자들은
놋다릴 지어밟아
노국 공주 보선발을야
등으로 맞아 모셨다네.

그때부텀 '안동놋다리밟기'는
이곳 민속놀이로 태어났네야.

신라·고려·조선조 널다릴 건너오면서야
儒佛有無形 文化財가 많은 慶尙北部 요충지
60도 '안동 제비원(미륵) 소주'로
술꾼목들 바싹바싹 태워왔지러.

가을들녘 추수 후 겨울 3동엔
'安東車戰 놀이' 구경꾼
東西 지방 민중
양4방 수만 명이 來安東邑했다네야.

너도 나도 안동 양반네들은예
정성껏 사돈의 8촌머슴들까중도야
귀한 손님으로 대접하곤예
몇날 며칠씩 재워주고먹여주곤예
숙박비는 아예 받지도 않았다네예.

이곳 양반네는야
보수적이면서도야 아주아주 완고했다네.
대신 의리있고야
의협심 강해 義人들이 많았다네예.

어느 지방 출신들보담도야
자존심 하난야
꼭두로야 강했다네예.

예부텀 반촌고을 따질 땐예
'北엔 安東, 南엔 咸陽'이라더니라와.
이곳 양반들 선비 정신 골수에 배어있어
저마다들 다 그러하곤
다 저러저러 할만 하다네예.

〈2020.9.24.미시. 筆洞 서애로 '自由文學'에서.〉

제9장 동채싸움놀이 민중 꼭두정신 불밝혀

동채싸움 '安東車戰 놀이'는예
순전 實存 實學 민속놀이였느니.
농사·길흉·재화·복록 노리는 미신티 하나
미신티 눈곱맹큼도 없는 민속놀이가야
이놀이 특징이라네그려.

수만 군중 단결·협동심·인내심 기르는
민족 평민 오락풍
겨울 농한기엔 일대 향연
민중·민속 고품격 놀이였지러.

정정 당당 승부를 민중앞에 직접 겨뤄뵈는 전쟁놀이
한민족 상무 정신 일깨워주는 평화 會戰
겨레 義人·烈士 쏟아져나와
民族 민중앞을 앞장섰던 큰뜻도
이 車戰 놀이 뿌리정신 고장
安東이라 그런가싶어예.

紅巾亂·壬辰亂 때도야

義人 많이 땅미륵으로 솟아났다네예.

이땅 '車戰 놀이' 삶살이가예

民生 삶에 미치는 영향 또한 컸다네야.

미풍 양속·효자·충신·열부 얘기들 꽃펴열렸다네와.

부모 자식 간에,

잃어버린 형제 자매

화목까중도 되찾게 됐다네야.

친구 간 의리도 되찾게 돼

우의마저 깊어졌다네예.

이적사 의리와 존경심이

부쩍 되살아났느니.

'安東車戰 놀이' 영향

그리그리 이땅에 만발했느니.

〈2020.9.24.진시. 筆洞 서애로 '自由文學'에서.〉

제10장 놀이철과 놀이둘레너비

한 해 한 번 음력 정월 보름날
安東 땅에선
東西部로 갈라져
정식 동채싸움 붙었네.

스무 살부텀 쉰 살 안짝
고을 郡內 사내들
모두모두 편을 짜
이패 저패 수만 명씩 저자거리 모여들었네.

東西로 선을 그어
영덕가는 길목 남쪽
낙동 상류 법흥다리 맛들강뚝까중
약7백 미터 상간 서로
밀고당겼다네그랴.
'월사 덜사!
이히히!
밀어라!' 외침은야
하늘까중 들끓어올랐다네예.

한편으론 東西會戰
法典 마을서 '西岳寺' 앞길까중
약5리하고도 5백여 미터
더 뻗어나간 길.

2천 5백 미터 넓은논밭·황무지가
양 군 싸움터,
안동 역전 부근선 첫불 붙었네.

수만 구경꾼·싸움꾼이야
人山人海를 이뤘지러.
넓디넓은 벌판
온통 짚신발에 덮였다네.

정식 동채쌈 말고는야
작은째깃동채쌈도 있었다네.
째깃동채싸움은
읍면끼리 정월 한 달간 싸움거리라예.
조그만 공터만 있으면야
맨날맨날 모여싸웠지러와.

스무 살아래
뺨따귀(귀때기) 새파란 청소년들은야
저희들끼리
양 편 툭 갈라놓곤야
양방 서로 놀았다네야.

가마싸움하듯
니편내편 갈라져선야
엉겨붙어 싸웠다네야.

때때론 동네 끼리끼리예
대항 자주 벌였다네예.

진편은 동채를 빼앗겼더라도예
이긴 편이 뜯어헐지않고예
채째 고스란히 가져갔다간에
있던 고대로 그냥 돌려주면서예
다음 會戰을 기약했지러예.

서로서로 동네끼리예
점점 義가 좋아졌다네예.

〈2020.9.24.진시. 筆洞 서애로 '自由文學'에서.〉

제11장 東西部 놀이모양새 엿보기야

東西部 놀이로 양편 갈라놀기는야
17세기 1608년 宣祖大王 시절부터라예.
당시 안동 읍내 구분은 대구―禮安 간
옛길따라예
선을 그어 편갈라 나누어놀았다네예.

한편으론야
泉里川을 따라서예
쭉쭉 금을 그어
東西部로 나눠 싸웠다는 말도 있느이.

安東 市內 동쪽편은
龍興·雲興·立石·栗谷·新世·院北 들의 六坊,
西部便은
安幕·三谷·泉里·北堂·北榮·內居千里·外居千里 들
七坊이었느이.

西部 쪽 東部便은 洛江主流 널
주로 北江을 경계삼고 있었느니.

東南便은
南先·南後·吉安·一直·臨東·臨河·月谷…
일곱 면 경계를 몽주리 합해
東便軍을 삼았니라.

西部便 쪽 강역은
禮安·陶山·祿轉·北後·臥龍·西後·豊山·豊川面 들
여덟 고을로 정했느이.

대대 손손 東西部便을
그냥 고대로 잘 지켜왔지러.

先代便은 잘 계승해
東西部를 글쎄
姓氏처럼 뚝부러지게도 갈라놓고
놀아왔네야.

아무리 친한 사이래도야
누구나 生家 편을 따랐다네.

잉꼬 찰떡 부부지 간이라도야
그럴라칠 때면
탯 자릴 따라서야
안태 고향 제편 훈수를 들었다지예.

등두렷 정월 대보름껜야
동채싸움 붙는날 저녁답엔야
이날만은
生家便 따라 훈수들고 싸웠네라야.

색시들도 부부 합법
남편 반대편 싸움꾼 됐네라야.

앞집옆집 집집마다
희비극이 일어날 수도 있었지러와.

하지만 이날만은야
그러그러하기로 했다네야.

동채쌈 끝밤되면
서로 안고 합방을 해서라도야
슴맥힌 흥을 서로 살섞어가면서야
풀줄도 알았느니라야.

평소 맺힌 한까지도야
멍울째 다 홀딱 드배 풀어버렸다네야.

〈2020.9.24.巳時. 筆洞 서애로 '自由文學'에서.〉

제12장 놀이준빌 하기까중은

5곡 백과 가을 추수 전수 끝내면예
마을마을 원로들 입성맞추러 모여들었네예.

明春 동채싸움놀이도 의논했다네야.
일단 아무날 암때 하기로 결정만 내리면야
이결정 곧 상대편 상어른께 알렸다네예.

對戰 일정 통보를 받으면예
절대로 거절을 못하는 법이었다네예.

만약 도전 신청을 거절하게 되면예
두고두고 不戰敗 불명예스런 누명
남우세스런 놀림까중도예
한꺼번에 받아내야 했다네야.

그래 즉시 회답 속히예
쌍방 널리 알리고는예
그제부턴 결전 준비에만 바빠졌다네야.

싸움도감과 대장군 떠맡는 직분은예
내리 명문집안에서만 차지해왔다네예.

대대로 내려오면서예
도맡아 장군직을 차지해왔다네예.

도맡아 보았다기보단예
쭉쭉 독식 직분만 맡아왔느이.

각부서 소임은예
때때로 봐서예
부정타거나 厄事 없는 이만 뽑아 맡겨왔다네예.

제일 중한 일은 동챗감 찾아내기라예.
든든한 体木 기둥감을 구해내는 일은예
온산천 누벼누벼 그기둥감을 구할라치면예
이젠 엮어만드는 일엔예
매달리기만 하면 됐다지예.

体木 기둥째깃감은 쪽 곧아야 했느니.
머리부분 꼬리부분 양쪽 다 뚝 골라야 했느니.

그런 참나뭇기둥감을 구하려고야
青松·奉化 두멧산골 헤매다녀야만 했다네예.
때로는 강원도까중도 채벌꾼을 보냈다누만.

물색하다 마땅한 동챗기둥감 눈앞에 띌라치면야
또다시 동챗기둥 소임자 감정까지 받아야 했지러사.

동채 전문 지식 소임자가 필요한 숫자 배로 챙겨선
훤출한 기둥 통재료감을 베어내갔다네예.

넉넉히 동챗감을예
산중서 베어다 놓을라치면야
다시 소임자에겐예
일할 돈을 두둑히 주고는야
결정된 효木에단예
禁索 표지 神聖表示를 단단히 해두었다네예.

부정타지않게예
잡귀를 막아야 했지러.

그런 다음엔야
고을 현감에게도 알렸다네예.
동채싸움기둥감을 보호 요청까지 해두었다네예.

해는 기울어
동지섣달이 지나고야
정월 초순이 가까워지면야
所任者와 木工(木手)은야
목욕 재계를 해야했네라와.

도포차림에 인부들까중 거느리곤야
동챗기둥감 나뭇등치통 쪽으로 가선야
제일 먼저 산신령께 절하곤야
정중히 효木에게도 告祠,
벌채까중 끝나면 결가질 다듬어내곤예
미끈한 기둥들을 어깨에 걸쳐 메곤 산길을 내려왔다네야.

검색 표지 효木 운반 도중에도야
행여 반대편 적들이 해꼬지나 안할까싶어예
미리 현감에게 보호 협조 요청까중 해놓고는야
혹시나 잡인들 앞길 가로질러서예
먼저 지나가지 못하게예
금줄치듯 감시까중 다 했다네예.

조신조신 自重自愛하면서야
일체 불손한 言行은 삼가게만 했지러야.

그저 근엄한 자세로만예
그저 조용조용 운반토록만 했다네예.

이 体木 운반 행렬은야
安東市郡内에 닿으면사야
부락마다 사람들 길가에 모두 좇아나와서예
그노고를 치하하면서예
迎送까중 해주었니라와.

安東市 관내 2리 약2천 미터 지점에 이르면야
'車戰' 원로 소임자 모두모두야
도포차림새로 골목나와 알뜰살뜰 영접
청장년들도 이소식 듣곤야
화들짝 삽짝문을 뛰쳐들 나왔다네야.

상봉 장소 영접 절차 끝낸 후제엔예
동쪽편이면 '東部야, 워-.'
서쪽편이면 '西部야, 워-.'

서로 환호하면서야
이히히히 함성을 지르곤야
도화원에 불을 질렀다네예.
목적지까중 앞장들 서서 호송했다지러야.

西部便 体木 기둥감은 본부 가까운 곳
읍내 '聖蘇病院' 뒷산에도야
즐비즐비 널려있어예.

그절차 東便처럼예
그리 까다롭진 않았다네예.
안치 장소 집주위 禁索한 채예
부정을 막고는야
'외인 출입 금지!' 팻말 써서예
못박아놓고는야
특히 부녀잔 이근처예
얼씬도 못하게 했다지러예.

이때부터 동채싸움 끝날 무렵 달포까중은야
매일매일 황촛불 밝게 켜놓곤야
소임자들 교대교대 주야 上直해야 했다네예.

이미 동채째깃기등감은예
물론 신격화돼 있었다지러예.

車戰 會戰 관계 소임자 모두는야
경건한 마음가짐새로야
아침저녁 근신을 해야 했지러와.

會戰 전날밤엔야
제사까지 올렸다네야.
신령님께 필승을 비는 제를 지냈다지러.

東西便 모두 서로서로예
이기길 기원하며 빌고 또 빌었다네예.

〈2020.9.24.巳時. 筆洞 서애로 '自由文學'에서.〉

제13장 정동챗감 만들어 세우기야

정동챗감 틀어만들기는야
설지난 정월 열이튿날쯤서 시작했지러.

기둥짜는 대목과 각 부문 전문 소임자는예
아래위 의관을 차려입곤 근신해야 했다네예.

목공들은 보름날 오후까중은야
바깥출입을 통 못했느이.
그리그리 기밀 누설 부정탈 걸
미리미리 막았지러야.

대목들은 내내 의관 정제한 채야
째기공작했다느이.

묶는끈을 새삼 만들 적엔야
삼(麻)과 칡(葛)과 머릿채(毛髮)로 섞어꼰 三糸
3사끈 틀어꼬아 튼튼한 밧줄을 꽈만들었다네예.

울림대나무는 불에 구워서야
질기고단단하게 만들었지야 그래.
살살 알맞춰 구워다듬어야 했느니.

동챗용머리께 앉을자릿 방석은야
대장군이 앉았다섰다 지휘할 자리러라와.

동챗혈마다 서로 당겨묶을 적엔 글쎄야
힘센 장정 서너 명씩은야
같이 덤벼들었다네와.

물을 뿜어가며야
힘껏 당겨 동여매고도야
떡메로 탁탁쳐 다져가며 꽁꽁 틀어엮었다네야.

이리도 단단히 두드려가면설랑야
엮어만들었느니.

튼실하기 그지없는 동앗줄이 되었다네예.
동챗덩이 기둥살엔예
칼날끝도 들어가지않았네라야.
쥐어뜯어도 잘 뜯기지않도록야
단단 칭칭 동여가며 꽁꽁 다져맸니라와.

제14장 재정 경비 조달과 구경꾼 모으기야

섣달 그믐이나 음력설 정초엔야
각 면·동 대표서껀 여럿 모였느니.
놀이 준비 본부 도감댁 찾아나섰느니,
그 원로들 뵙곤 세배를 드려야 했지러예.

세배드릴 땐예
부락마다 어른들 성의대로 받아모은 금품을예
세뱃돈 삼아 거둔 후원금은야
도로다지로 몽땅 다 헌납했다네예.
몽땅 車戰 놀이 자기편 본부에다예
그 기부금을 쏙쏙 맡겼다지러예.

따라서 행사 당일 모일자리도 의논했지러와.
동서부 각각 동원 계획도,
그날 응원군 패거리 할 일까지도 의논했느이.
동네마닥 해야 할 임무까중 받아갔지러예.

각 면·동 대표들은야
정예 주력 부대 면·동끼리 작전 계획
작전 계획을 자상하게 짜설랑은예
서로서로 만반 준비를 다 해야 했다네예.

〈한기10957:한웅기5918:단기4353:동이공기2571:남방불기2564:예수서기2020.9.24.巳時.
筆洞 서애로 '自由文學'에서.〉

제15장 동챗모양새(구조·규격) 꾸리기야

'安東車戰 놀이' 동챗 마디매중 그이름이 붙어있네야.
동챗기둥나뭇이름은 体木이라 하고예
동챗감을 가로질러 지겟등처럼 짜묶은 건 가르새라캐예.
가르새위에 붙인 방석자리는야
대장자리 깔방석자리라캐예.

동채앞폭 가르새 한복판 고삣대에 달린 끈은 고삐끈
고삐끈에 묶여매달린 막대기는 고삣대
방석자리+가르새사이 양다리엔예
반원처럼 반달형으로 짜붙인 건 울림대라예.

양편 体木 좌우 25센티 폭(정동채)이 앞폭
양가랭이 体木 좌우 2미터 50센티 사이가
뒷폭이라누만.

정동채 양쪽 体木 길이는 약 5미터라예.
体木 지름은 10센티에서 12센티 쯤
앞폭넓이가 25센티에 첫가르새 지름 5센티
그길이는 28센티,
고삣대 꽂힌 둘쨋가르새까지가예
앞폭 부분, 고삣대는 고삐끈으로야
동채 둘쨋가르새에 동여맸네그라.

방석지름은 약 1미터,
가르새와 가르새사인 25센티 쯤에
体木 중앙 방석아래
세 가르새 각 지름 6센티씩
정중앙 가르새는야
좌우 体木 연결길이 98센티
정확한 방석지름은 95센티라네예.

정중앙 방석밑 뒤폭쪽
가르샛길이는 1미터 20센티 쯤
가르새와 가르새사인 25센티씩
정중앙 가르샛지름은 6센티 가량
끈으로 동채앞머리 둘쨋가르새 중앙에 꽁꽁 묶인 고삣대
고삣대끝은야
'엠'('M')자로 대장허릿띠에 꽉 끼워놔야 했느니.

고삣대지름은 3점 4쎈티 쯤이라야.
고삣대 길이는 대장치에 맞춰 적당히 잘랐다지 뭐야.

울림대앞뒷폭은 80센티 쯤,
좌우 각 지름은 6센티씩
앞폭에서 뒷울림대까진 2미터 50센티 쯤이야.

올림대 반달형폭은야
좌우 약 50센티씩
올림대 앞뒤까진 80센티 길이쯤이라네야.

올림댓지름은 각각 6센티씩에
마지막 올림대 뒤폭끝 体木까지 2미터 50센티
앞폭까지 2백 50센티,
그래서예 体木 앞뒷길이가 5미터였느니.

방석자리 세 가르샛사인 각각 25센티씩
중앙가르새 앞자릿밑길이 약 91센티에
중간가르새가 98센티,
뒷폭쪽 셋째가르샛길이가 1미터 하고도 20센티 쯤
뒷폭쪽 동챗폭은 약 2미터 50센티에
그래도 정동채 体木은 부러지지않았느이.

째깃동채는 약식 동채,
읍·면끼리나 동네끼리만 하는 놀이라예.
에이(A) 형 비(B) 형 두 종류가 있었다네야.

에이(A) 형은 体木 지름 7~8센티 안팎
대각선 곱하기로 좌우 양쪽 질러매어예
가르새를 또 허리밑 곱하기로 질러동여맸네라예.

왼편 体木은예
앞쪽목길이 15센티 쯤 아래로예
오른편 体木은예
25센티 쯤 내려 앞쪽목 곱하기로 줄묶어매놓곤예
体木 절반쯤 세로 60센티 너비판에예
윗가롯길이 80센티에,
아랫가롯길이 1미터 너비판에
양 体木 중앙 허리에 묶어붙여설랑예
앉을자리 설자릿발판을 만들었지러와예.

1미터 앉을발판 뒷끝부터 体木 뒷끝까진예
2미터 40센티 쯤
좌우 째깃동챗기둥끝끼리 사이는예
2미터 하고도 40센티씩 똑 같았네라그랴.

양편지른 가르새 지름 6~9센티,
길이는 약 2미터에
좌우 体木을 꽁꽁 곱해 묶어놓았네라예.

오른편 体木은 약 4미터 80센티,
왼편은 약 4미터 65센티라
양쪽 뒷폭넓이는 약 2미터 40센티씩이라예.
좌측 体木이 오른편보다 좀(15센티 쯤) 짧았느니야.

발판 앉을자리 설자리 끝부터예
양쪽 째깃동챗기둥 뒤끝까중 길이는예
뒷다리 넓이 약 2미터 40센티 쯤에서예
사전 약속같이도야 발맞춰 잘라냈다네야.

째깃동채 비(B) 형은 3미터 짜리 体木 길이
뒷폭에서 1백 50센티 허리쯤에다예
밧줄로 양쪽을 '一'자로 틀어묶고선야
그위에 좌우 곱하기로 대각선 가르새질러놓았어예.

또 동여동여 꽁꽁 묶고묶고는야
앞폭쪽 왼편 体木 고개 더 밀어넣고는야
오른편 体木 고갤 더 빼올려선야
에이(A) 형처럼 단단히 묶어놓곤야,

양편 体木 앞폭쪽끝 15~25센티 내려가선야
다시 가로세로 질러묶어선야
고삐끈만 꽁꽁 얽어묶어 달아야 했다네야.

가르새 지른 막대는야
밧줄을 틀어걸어 돌려묶었지러.
틀어맨 밧줄과 오른편 동챗기둥들은야
모두 3미터짜리
끝서리까중은 1미터 50센티
결국 오른쪽 동챗길이 허리 반쯤에선예
밧줄 꽁꽁 묶었네라야.

정동채·째깃동채·가르새·올림대·고삣대는야
꼭 참나무라야 됐네야.
葛麻毛髮(등칡·삼·머리털) 三絲는야
단단한 끈과 튼실한 방석 재료였지러야.

정동채는 동부·서부 각 패끼리야
남부·북부 각 패끼리끼리는야
비밀리에 유리한 점만 믿고살려내 만들었다네예.

그래서예 각각 정동채·째깃동채 에이(A) 형 비(B) 형
동채마닥 모양새가 약간씩은 달라졌지러와예.

동채를 튼튼하게 만들어놓으면사야
싸울 적엔 좀 둔해보이지만서도야
상대편이 허물어뜯기엔야
매우매우 힘들었다네야.

동채폭이 길고넓디넓으면야
그에따라 동채꾼이 더많이 달라붙어야했지러야.

그면클수록예
좌우앞뒤 움직임에 둔하고야
민첩성이 떨어져예
그런 게 흠이었느이.

단순히 밀고당기기는예
싸움판에선야
폭이 좁고가벼우면야
그게 더 좋았겠지러와예.

약식 동채째깃모양은야
정동채째기보단야
움직이기가 좀 자유로웠다네예.

청장년들 즉석에서예
만들어놀기엔야 더욱 좋았다네예.
생각만 나면예
곧 뚝닥 만들어 시합할 수 있었다지러왜.

특히 비(B) 형 째깃동채가 그러했다네야.
서까래 두 개만 있으면야
만사 형통 다 잘됐다네예.

서로 体木 머리만 곱하기로 묶어선예
중간 가르새와 트래밧줄 곱하기로 틀어꽂아예
좌우 体木 석가래만 매달면야
그젠 끝이었지러예.

83

가르새 양단 体木에 얽어매놓곤야
고삐끈만 달면 끝!
대장싸울아비는 이저예
가로지른 体木 양끝 밟고서서예
지휘하면 됐다지예.

동챗기둥 서까래를 걸칠 때는야
지켜야 할 철칙이 따로 있었다지러.

오른쪽 体木을예
왼쪽보다 10센티 쯤 더 길게 얹어놓고는야
그것도 왼편기둥서까래위에 얹어놓고는야
이리저리 곱하기로야
밧줄끈 묶어야 했다지러야.

그래야 동네방네 쌈꾼들이 싸우기가 좋았다네야.
이 面 저 面, 이동네 저동네
패거리끼리끼리야
싸울아비들 서로끼리예
엉겨붙어 월사 덜사 함성끼리예
좌우앞뒤로 밀고당기기를야
열불나도록 열심히들 밀당기길 했지러와예.

〈한기|10957:한웅기|5918:단기|4353:동이공기|2571:남방불기|2564:예수서기|2020.9.29. 秋夕 이틀 전 筆洞 서애로 '自由文學'에서.〉

제16장 동채꾼 편성과 싸울아비들 활동 범위는

싸울아비들을 부르는 공식 이름은예
그저 '동채꾼'이라 한다네야.

동채꾼은 세 갈래꾼
머리꾼·동채꾼·놀이꾼으로 나눈다네예.

머리꾼은 고유머리꾼 全部하고예
앞채꾼 일부에 앞놀이꾼(유격대)이 일부라예.
동채꾼엔 앞채꾼·뒤채꾼·뒷놀이꾼이 있지러야.

앞채꾼은 꾼의 일부,
뒤채꾼은 꾼의 全部라네예.
뒷놀이꾼 역시 일부, 꾼엔야
앞놀이·뒷놀이 꾼 따로따로 있었지러예.

싸울아비들 부대 배치 상황은예
인원 비율로 배정한다지야.
1백 분 비율에 꼭은 아니지만 꾼배치엔예
머리꾼이 30퍼센트
앞채꾼이 10퍼센트
뒤채꾼도 10퍼센트
앞놀이꾼 30에 뒷놀이꾼 20퍼센트씩이었느니.

동채꾼 싸울아비들 배치모습은 중요했지러예.
앞놀이꾼은 앞에서, 그담엔 머리꾼이
머리꾼뒤엔 앞가르새까중은 앞채꾼이
앞채꾼 앞가르새뒤엔 뒤채꾼이 있었지러와예.

뒤채꾼은 体木 뒤폭뒤로는야
뒷놀이꾼이 매달려 놀았지왜.
놀았다기보단 싸울아비들끼리 불어엉켜 싸웠다네야.

각 싸울아비 부대 편성 조직과 행동 범위는야
우선 대장 한 명을 뽑는 것,
뽑히는 대장은 거의 세습직이지만예
그가문에서도 가장 적임자를 뽑아주었다니까예.

머리꾼은 정예 부대였느니.
민첩하고 인내심·단결심 강한 조직
최전방엔 한 사람, 그뒤엔 두 사람, 또 그뒤엔 세 사람씩
피라밋 형으로 세워 배치했느니.

싸울아비들 중 머리꾼은예
언제나 팔짱낀 채 적 떼거릴 어깨힘으로만 밀어부쳐야 했네예.
어깨어깨로만 분산 격퇴시켜 밀어부쳐내야 했다네야.
어깨싸움 외는 아무짓도 못하게 했다네야.

앞채꾼은 장신·거구에 최강 부대였지러와.
屈强 壯士들만 모아 꾸며놓았다네야.
이들은 절대로 동채를 벗어나면 안됐다네예.

끝까지 동챗기등과 같이
한몸처럼 행동해야 하고예
동챗기등과는 죽고살기를 함께 해야 했다네예.

앞채꾼 일부는 동채 전부를 떠메고야
나머지 싸울아비들은 최후 보루 머리꾼이 됐느니.
앞채꾼만은
적군 동챗기등을 잡아뜯거나야
올라타고는
흙바닥밑으로 굴러 늘릴 수가 있었다네예.

한두 명이라도 남의 동챗기등 접근은 불법
적어도 5·6명 이상 동시 공격은 적법이라예.
그러나 자기 동채 가까이서만 행동해야 했느이.

뒤채꾼 싸울아비들은 힘있는 장사들이야.
조금 둔해보여도
장신으로만 뽑아세웠지러예.

동챗기등을 둘러멘 채
대장 지시대로만 움직였지러예.
동챗기등에서 떨어져나가면야
그즉시 실격이었다네예.

놀이꾼 싸울아비들은
일종의 유격대였네야.
임의대로 앞뒷쪽 어디라도 가서 붙었지러야.

앞놀이꾼은
때때론 머리꾼 행세도 하고야
뒤놀이꾼 싸울아비들은
뒤채꾼을 보호하매야
때로는 교대 배치까증도 해주었다네그랴.

놀이꾼 원래 임무는야
아군끼리 금가는 것과
뿔뿔이 흩어짐을 막는 데 있었다네예.

양쪽 접촉선 중심을 향해예
포위를 한 채 힘있게 밀어주었지러예.

바깥열 놀이꾼은
팔을 편 채로야
서너 명씩 싸잡고 밀어줄 때도 있었느니.

놀이꾼 각 부서 싸울아비들은야
누대로 내리내림 단련되어 있었다네예.

주력 부대는
면마다 동마다 짜모았다지러예.
　서로 面面끼리
아는 사이로만 편성됐다지러예.

　동부 주력 부대는야
栗世洞·南先面·臨東面…들 남정네
　서부 주력 부대는야
安奇洞·廣石洞·北後面…장정들이었다네.

제17장 大將軍의 완수 신호와 구호에

동채꾼은 대장손바닥 향한 쪽으로만 전진
손짓만이 대장 지휘 신호였네야.
전진·후퇴·좌회전·우회전·정지 신호
쥐락펴락 한 사내 손바닥안에 다 들어있었다네.

오른팔손바닥을 앞으로 내밀고야
뒤에서 앞으로 흔들면 前進 신호였다네.
이땐 발맞춰 한 쪽 발을 굴리기도 했다네.

뒤론 좀처럼 팔을 높이 올리지도 않았지러야.
올릴지라도 90도로만 꺾어벌려올렸지러.
물론 올리는 속도는 빨라야 했고야,
내리는 모습 또한 평소 그대로였다네.

오른팔 손바닥을 뒤로 제껴펴고는야
앞에서 뒤로 똑바로 흔들면 後退!
어깨위 앞으로 올리지않은 대신에야
뒤로만 뒤로만 젖혀올렸지러와.

대체 좌회전 완수 신호는 어떤가.
오른팔손바닥을 뒤로 제껴 신호하되
옆에서 몸뒤 迂回曲線으로만 흔들어댔다네야.
전진·후퇴 때보단 팔굽각도가 60~70도로
넓게 넓게 잡아줘야 했다네그랴.

우회전 신호를 하려면야
고삐를 우선 오른손으로 바꿔잡아야 했네라.
왼팔손바닥을 위로 향해
옆에서 몸뒤 迂回曲線으로만 흔들어댔지러와.

그자리 섰! 정지 신호는
4철나뭇잎 떨어지듯 손짓으로만 했지러.
오른편손바닥을 밑으로 뒤집은 채야
팔굽(肘關節)아래 前膊을 아래위 수직으로 흔들어댔다네그랴.

백여 년 전부턴 그적지 그랬다네야.
대장이 작은깃발 꺼내 흔들면서야
신호할 때도 더러는 있었다고들 했네라와.

대장 신호는 뒤채꾼·뒷놀이꾼이
얼른 보곤 즉시 전군에
구호로 알려줬다지러.
동채꾼 싸울아비 모두모두 한몸되어
대장 신호를 그때마다야
온몸으로 직접받아 느꼈다네야.

꾼들은 온몸으로 신호를 직접 받아느껴가면서야
전진·후퇴·좌우 회전·정지 신호를 따랐다네야.
특히 오른편이나야
왼편 회전때는야
항상 동챗뒤를 기준삼아 돌았다네그랴.

구호는 어떻게 입밖으로 터져나왔을까예?
전진·후퇴·회전 구호는예
대장 완수 신호에 따라설랑예
동채꾼이 고함 구호로 바꿔서예
전군에 전달해야예
오른쪽 왼쪽 다같이 고래곰을 질러댔다네야.

'밀어라!(前進!) 월사 덜사!
빼어라!(後退!) 월사 덜사!
돌아라!(回轉!) 이히히히! 이히히히!'

함성은 수만 관중과 동채꾼들과야
호흡이 글쎄 딱딱 맞아떨어져선야
상대방들 향해선 힘찬 울림으로야
시위를 다했다네야그려.

'東部야—!'
'워—.'
'이이 히히!…'(前進 때만)
'월사! 덜사!'(승전 때 다같이).

'西部야—!'
'워—.'
'이이 히히!…'(前進 때만)
월사! 덜사!(이겼을 때의 환호성이었다네.)

〈한기10957:한웅기5918:단기4353:동이공기2571:남방불기2564:예수서기2020.9.29.
秋夕 이틀 전 筆洞 서애로 '自由文學'에서.〉

제18장 싸울아비들 싸움규칙 있어예

대장은 오직 손으로만 신호하고지휘했어예.
상대방 대장이나 동챗기둥 불잡으면 안되지러와.

머리꾼은 팔짱을 낀 채
풀지는 못했네그랴.
상대편 동채꾼을 잡아당기거나야
박치기·발길차기로 해치면
안되는 짓이라네예.

머리꾼이 적을 밀어부쳐
앞동채꾼들까지 다가갔을 땐야
앞채꾼은 적동챗기둥 당기거나야
누르면서 찢을 수는 있었지만예
손찌검을 해서는야
절대로 안되는 짓이었느니.

아무리 열세에 몰려있더라도야
홧김에 상대를 때리거나야
동챗기둥잡아 적팔뚝을 끌어당겨서도 안되니라야.
오직 팔짱낀 채 적을
힘으로만 밀어부쳐내야만 했다네야.

약한 편은 동챗기둥을 뺏기지않기위해선예
밀리면서도 죽을 힘을 다해
같이 붙어싸웠네라야.

이때 뒤채꾼은 재빨리 동챗기둥을 힘껏 빼내야
후퇴하기에도 참 좋았다네야.
그러나 적에겐 등을 보이지않아야 했느이.

양편은 끝끝내
대장을 직접 공격하진 않았다네야.
다툴 땐 실수로
대장군이 땅에 떨어질지라도야
그 즉시 공격 행동을 멈추고는야
제자리에 다 올라갈 때까진
기다려주었네라야.

대장 다시 동챗마루에 올라설 때를야
기다려주었네라야.
하지만 최후 순간,
결정적 최후 순간만은 예외였느니.

공격 자세는
대각선위에선 정면으로야
정정 당당히
맞대결해야 했네라와.
앞에서나 뒤에선
비열하게 공격하진 않았다네예.

머리꾼 싸울아비가 넘어지면야
양방 서로 조용조용 비켜서서
물러나주었지러야.

넘어진 머리꾼을 우선 일받친 후에야
경기를 시작했다네야.
물론 대장이나 심판 신호를 받아서 물러나줬느니.

양편 동챗머린 서로 엇갈려지더라도야
머리위 1미터 이상은 높이 올리질 못하게 했지러와.
정식 會戰 땐 이런 일 한 번도 없었느니.

약식 째깃동채 회전 땐 왕왕 있는 일이었지야.
이때는 어느쪽도 승부를 낼 수가 없었다네와.
일종의 시골 장바닥
우스갯거릿감에 불과했지러야.
경기 기본 정신에도 어긋나는 일이었느니.

만약 규칙 위반된 싸움질할 때는야
주심은 즉각 나서서
이쌈을 중단시켜야 했니라와.
주위를 환기시킨 후엔야
다시 경기를 시작케해야 했지러와.

참, 동챗공간 3각형안에는야
동채꾼이라도예
절대절대 들어가 섰질 못하는 곳이었네야.

제19장 '安東車戰 놀이' 맞불 前戲라예

우리편(友軍) 맞을 행사라 칼지라도예
실은 한 해 한 번씩 만나
기쁨나눌 정도라예.
'필승' 다짐 훈련 과정이나 다를 바 없었네예.

납월(섣달)이 훌쩍 흘러가곤야
해가 언뜻 바뀌어선야
정월만 돌아오면예
청소년들은 째깃동챗놀이에 매달렸네라야.

여기저기 이른쥐불티
튀어블기 시작했지러야.

정월 초열흘쯤만 돼도 그만
벌써 읍내 아는집으로 들어가는 이가 더러더러 있었다네야.
째깃동챗놀이에 끼어들고싶어서였네라와.

이들은 정월 열나흘·보름 오전까중도야
열불을 올리고 난리였느니.

청장년들은 여나무 명씩 떼를 지어선야
시낼 누비고다니기도 했느이.

'東部야, 워워!'
'西部야, 워워!'
'西部야, 이이히!'
'東部야, 이이히!'

동부·서부 각 패거리씩
따로따로 놀면서야
환호성을 올렸다네야.

뛰놀면서야,
行進하면서야,
東西 양쪽 갈라져 서로들끼리 떠밀면서야.

당기면서야,
머리끈끼리 훈련삼아 놀다놀다 또 行進行進…
이런 행동 반복해 분위길 또한 돋웠네라와.

이들 중 두서너 패거린예
작은 비(B) 형 동채에 사람태워 놀았다네야.

이때 누가야
'각 동·면에서야
우리편이 도착했네.' 소리치면야
그쪽패는 그곳으로 우르르 몰려선 마중갔네라야.

읍·면·동 변두리 선야
아군끼리 만나면야
소리소릴 질러대며 서로서로 그러안곤야
월(얼)사 덜사 환영을 했니라.

아군끼리 서로간 10미터씩 떨어져선야
양쪽 행진 멈추곤야
일제히 '東部야, 西部야, 워! 워!' 카면서야
두세 번씩 환호하곤야,
바로 그자리서 '이히히!'

등등거리며야,
동동 뛰면서야,
서로서로들 손에손을 높이높이 올려 춤을 추다가야,

약 1분 간 양쪽끼리
똑같이 돌진하면서야
마주 뛰다 불이 붙어
그만 부등켜 그러안았다네야.

'월사! 덜사!'
고래괌 외쳐대면서야
소금쟁이·지겟쟁이·보부상들…
지겟발이춤 정신없이 췄지러야.

다시 쌍방 양쪽 딱딱 나누어졌네라와야.
머리끈싸움 훈련 비밀 배치도야
미리미리 연습했느니라와.

환영꾼이나 아군이나와
서로서로 會戰 치르면서야
행진 방향쪽으로 살살 밀어나젖혀선야
돌아가면서야
후퇴하는 게 통상 관례였네라야.

한 2·3분 간 연습삼아 뛰어보곤야
모두가 행진하던 방향으로 다시들 줄을 서서야
'東(西)部야, 워!'
'西(東)部야, 워!'

두세 번씩 외치곤야
'이이 히!' 하면서야
손흔들며야, 손흔들며야,
훌쩍훌쩍 손사래치면서야,
뛰어다녔다네야.

약 반 수는 속력 빨리 30미터 쯤을 뛰곤야
그담 반 수는 속돌 늦춰선야
한 20미터 쯤씩 行進!

이때 약10미터 쯤 간격지면서야
모두는 그만 정지!

마주서서야 먼저와 같은 짓
반복 반복을야
행동·단결력을야
키우기도 했지러야.
머리끈 동채쌈 자상한 요령을 익혀주었지러야.

〈한기10957:한웅기5918:단기4353:동이공기2571:남방불기2564:예수서기2020.9.29.
秋夕 이틀 전 筆洞 서애로 '自由文學'에서.〉

제20장 '安東車戰놀이' 會戰 실황 중계라예

1.
동채싸움날은
滿場을 이룬다네야.
서로 유리한 싸움터를 잡으려고야
새샐녘부텀 동서부 싸움터(會戰場)를 찾아나서 본다네야.

여러 군데 흩어져 노는 동채꾼 前戲
東部에서 友軍끼리 모여
놀고있었네라야.

西部에서도 자기편끼리 모여
놀고있었네라야.

아직(아침)들고 점심때쯤 午時 막 지나가면야
서로 깨깃동채우에
사람올려 태운 채야
이구석 저구석 회전장 들판으로 모여들어선야
동부 서부 끼리끼리 마주 합류했네라야.

머리꾼들 싸움은
훈련삼아 계속되고야
자기편끼리도 東部·西部 흉내를 내본다네야.

설날을 전후해 펑펑 내린 눈발로야
대회장은 大雪原을 이룬 듯하고야
어떤 땐 하필 흐린날씨
함박눈까지 쏟아지기도 했다네야.

싸울아비들 눈벌판 호호 망망
장엄한 大雪天地!
동서 양방 만여 명 동채꾼 모여들었느니.

'東部야! 밀어라!'
'西部야! 밀어라!'
여기저기 연거푸 터져나오는 함포성엔야
양군 사기는야
확확 불타올랐네야.
天地 진동 '龍虎 상박'이었네라와.

흡사 치열한 난투극에선야
逐鹿場 사슴뿔싸움!
겨룸 전개됐네야.

말로는 다할 수 없는
웅장·장엄한 會戰이었네라와.

일찍은 점심에 오후 한 시 경이면야
진짜 東西部 양 동채꾼 서로 간
먼곳서 뜨고있었네라와.

일시에 니편내편 수만 군중 와—와—
파도치는 듯 환호성!
저 짚신발구르는 소리는야
이맘때쯤은야
양쪽 前戲 놀이도 몽조리 중단됐네라야.

크고작은 째깃동채꾼들은야
놀던 끼리끼리들은야
동챌 모두 버리고야
모여들었네라야.

다같이 얼려선야
함성 질러대면서야
자기편 友軍 본동채쪽으로야
되돌아들 가고있었네야.

뛰어가 싸울아비되어
전진·후퇴를야
번갈아가명 거듭하고있었네라야.

2.
양편 거리 서로야
3백 미터쯤야
좁혀질라치면야,

東西 양군 서로야
허점을야 노린 듯
좌로우로야 회전 회전….

호시 탐탐야
틈샐 찾아 신중한 전진 후퇼거듭하는 새
한 걸음 두 걸음씩야
동서 거리는야
좁혀져만 갔다네야와.

이제 東軍 西軍 양편 거리사인
2백 미터 쯤
양 머릿채꾼들은야
불꽃튀기는 앞싸움!

서로 한 발자국쯤도야
양보하지않는 밀치고당김치기
어느새야 머리꾼끼리싸움은야
밀고밀리는 힘겨루기쌈이 돼갔다네라야.

이편이 5백 미터 쯤야
밀리다가도야
저편이야
한 5백 미터 쯤야
밀려가기도야 했다네와야.

서로서로 적전술 그계략 몰랐을 땐야
순간순간야
함정에야
빠질까야
두려워서야,

얼른야
공격 신호를야
못내릴 때가야
많았다네야.

적 허점을 찾지 못해 이리저리 헤맬 땐야
이편 관중들 역시야
아슬아슬 간담주머니만 졸이고있었다네야.

3.
계략은야
대장과 참모들만 알고있는 1급 기밀
싸울아비들끼린야
암투가 벌어지고있는 사이래도야
니내편 허점은야
보여줘선야
안된다네야.

씨름판을 살펴봐도야
처음엔야 아기씨름,
다음엔야 청장년씨름 차례…
그후에야 壯士·力士 불꽃튀는 참씨름판 벌어졌네라와.

이처럼야
동채싸움도야
앞뒤 순서가야
엄연히 있었지러야.

양편 진짜 주력 부대는야
어딘가엔 숨어있었네라와.
비밀리 조용한 곳에서야
상황을 엿보면서야,

첩자 통해 상대편 주력 부대 음직임을야 알아내
忙中閑 만사 유유히야
기를 모아 쏟아부었네라야.

자기편 대장이나 부대장에겐야
수시 수시 암호 전달로야
기밀을야 알려주었다네야.

상대 약점 알려 공격토록야
유도했다네야.
이래저래야
겨루다야
오후 세 시쯤이 되면야
양편 주력 부대가야
서서히야 움직이기 시작했다네야.

주력 부대 출동 명령 내려도야
일부러야
태연히야
앉아 구경만 할 때가야 있었다네야.

그럴듯야
함부로 자릴 박차고 일어나 활동을야
하지 않았다네라야.

이는 적보다야
먼저 숨겨둔 주력 부대마저야
일찍 나서 움직이면야
그쪽보기엔 자존심 상하니까야
그러했다네만그랴.

이때면 양편 참모들이야
서로 모여 합의점도야 찾아보았네라와.
주력 부대 공격 시간 서로 절충 합의되면야
그때야 비로소야
東西軍 主大將이야
나타나선야
지금까증야
잘 싸워준 副大將과야
임무 교대도 했네라야.

4.
드디어 참대장은야
동채앞머리께에야
우뚝 올라섰지러야.

위풍도 당당하게야,
허풍 또한 그럴 듯하게예
양4방 한 번씩을예 쫙 둘러보고는야
완수 신호 단 한 번에야
구호를 서로 크게들 외쳤다네야.

'東部야! 밀어라!'
'西部야! 밀어라!'
수만 군중들도야
소리소리쳐 외쳤다네그랴.

이를 계기로
지금껏 숨어있던 주력 부대는야
비밀리에 3·3, 5·5로 조를 짜서는야
조용조용 본진으로 들어가 가담했다네야.
최후 결전 대세를 펼쳤느니.

잠시잠시 진용 역시 몰래몰래 개편되어갔지러왜.
싸움은 이제부터 볼만한 절정까지 다가왔지러왜.
한층 더 치열·격돌로 치달아갔다네야.
약 40~50분만에야
얼추덜추 마무리 되어갔네라와.

이때 대장은 민첩하게도야
이저쪽 전세를 파악
이쪽 저쪽 앞뒤 양쪽 다 움직이게하다간야
상대 적군 허접 보이기만 하면야
번개같이 뚫고 전진!

최후 승패 노려보고파고들어서야
수천 동채꾼 하나같이 몰고가야했네야.
전진·후퇴 좌우 회전 변화 무쌍하게도야
온 동채꾼 싸울아비들을야
일사 불란케 부려야 했다네야.

과연 힘을 모아 지혜롭게 움직인 편이
최후의 승리를 차지하게 되느니.
패기 충천해 불꽃튕기듯
비호같이 날뛰는 전열
차마 장관스런 남정네들 기상을 엿보여주었네라야.

흥미 진진 상무적 민족 민중 경기였지러와.
가히 '安東車戰 놀이' 앞엔
비길 演戲가 바이 없지러야.

5.
人山人海를 이룬 구경꾼들의 열광적 호응
이모습 '東部야!' '西部야!'
'밀어라! 당겨라!'
우군이나 적군 함성 천지 진동했네라야.

누구라도 자기편이 밀리면야
얼른 우르르 달려가
싸울아비들 되었다네야.

아무리 격렬한 싸움일지라도야
서로 헤치거나 다치지않게야
조신들을 했네라야와.

그리그래 내 편이
유리한 싸움일지라도야
상대방 머리끝이 넘어져
깔릴 듯하면야
그 즉시 정지·후퇴해 살려낸 다음에야
또다시 정정 당당 엉겨붙어
승부를 겨루었지러야.

얼마나 정의로운 싸울아비들의
정정 당당한 무사 정신인가야.
정정 당당한 의로운 도의 정신
전쟁마당 아닌가배야.
양반곳 민족·민중 통일 정신
경기다웠네라야.

술취해 비틀거린 남정네들은 있을망정야
싸움으로 부상당하거나야
난투극 벌인 일
아직은 없었네라야.
지금껏 아무도 이런 광경을 본 이는 없었지러와.

아군쪽 이겨
적군 동채 점령 적엔야
동채기둥이 땅에 닿기 전
얼른얼른 동챗방석 밧줄 풀어뜯어내선야
하늘높이 던져올려,
까맣게 까맣게
던져올렸다네야.

적동채 산산이 뜯어낸
조각조각 몸체들
동챗뭉치 달라붙어 얽힌 수10, 수백 명의 아군들
조각조각 양어깨 한 뭉치씩
한꺼번에야 둘러메고는야
'월사! 덜사!' 소래기지르면서야
난장판 막춤을야
다 췄다네야.

흡사 왕소금장수 지게뿔 맞대곤야
올라타 춤추면서야 싸우듯
'월사! 덜사!' 승전 흥겨워
밤늦은 줄도 모르고야 놀았다네야.

안동 시내 거리거리 골목매중야
누비곤 다녔네라와.

진쪽 패거리는야
말없이 고개떨군 채야
슬금슬금 흩어져 돌아들 갔어야.

혹은 이긴 쪽에야
몰래몰래 스며들어선야
한물에 섞여담겨 같이 뒤엉켜 춤추기도야 했지러와.

승자쪽 알아도야
모른척 눈을 지긋이 감아주었다네와.

그냥 같이 뛰면서야,
덜렁대면서야,
놀던 패거리들은야
슬슬 눈치코치 살펴가며야
부지 중 쥐도 새도 모르게야 사라져버렸느니.

구경꾼 중
전날 자기 묵은 주인편이 이겼으면야
의기 양양 손잡고 같이 뛰면서야
돌아다녔겠지만야
만약 졌을 경운 집으로 곧장 가잖고야
아는 막걸릿집 주모를야
찾아갔네라야.

6.
항일기(대일 저항기:대일 항쟁기)인 1922년엔야
대일 저항기나 대일 항쟁기엔야
왜놈들이야
관공서를 중심으로야
농갈라(양분해)서야
놀게끔 했네라와.

지멋대로야
동서부 아무데나야
각각 가담시켜선야
역전 광장으로야 불러내
차전놀일 시켜놀게 했네라와.

째깃동채싸움처럼 축소시켜
그냥야
車戰 놀일 놀게 했다네야.

이때 동채쌈엔
西部가 약7백 미터쯤 밀려났지러.
泉里川 제방밑까중도야 밀려나
궁지에 몰렸더니라와.

제방위 군중 중 西部 편쪽 주민이 더러더러야
자갈돌을야
하나씩 주워 반대편으로야 던졌다네와.

그담엔 화가난 북쪽 방면 주민들이야
너도나도 마구마구 자갈돌을야
주워 냅다쏘듯야
던졌다네야.

마침 邱-安道路 닦는 중이라서야
자갈돌들이 혼전만전 쌓여있었다지러와.
그래저래 수10명씩이나 부상당해
피를야 흘렸다지와.

왜놈들은 아차 이를 빌미로야
'아, 잘됐다.'면서야
이핑계 저핑계대곤야
민중 演戱 '安東車戰 놀일'야
폐지시켜버렸다네야.

천 년 전통 조상얼 담긴 승전 지게짝 동채싸움
그 빛나는 기상 고려 통일 정신 응혼까지야
싹싹 쓸어없애려 했다네야.

안동 반촌사람들은야
점잖은 양반들이긴 했지만도야
'安東車戰 놀이' 지게뿔 경기 폐지엔야
넘크게 분노했다네야.

그즉시 해마다야
정동채 車戰 놀일 계속토록야
고을 관에 항의했으나
싸우면 다친다는 핑겔 대곤야
끝내 허가해주질 않았다가야.

그10여 년 후에 와선야
慶北線 기차 철도 개통식 때맞춰선야
'安東車戰 놀이' 경연을
다시 열어달라 부탁해왔다네야.

말하자면 봐주는척 인심쓰는척
허가해 주었다네야.

속내론야
주민들 철도 개통 반대 여론불길도야
끌심산 있고말고야
그속엔 고스란히 다다 숨어있었다네야.

자기네들 생색낼 철도 개통식 행사에만야
딱 맞춰설라믄야
1936년 음2월, 폐지시킨 지 14년만에야
드디어 고을고을 열광했던 지겟차째깃동채싸움 열게 했네라와.

허나야
단지 '北岳寺' 광장서만야
한정시켜 놀게 했네라와.

다만 한 편 또 동서부 싸울아비들 숫자도야
팍 잘라버렸다네야.
'한편에 5백 명씩으로 줄여 출전 할 것.'
이렇듯 강제로 싸울아비들 인원 제한까지 시켜버렸지러야.

그래도 너나없이야
양편 점잖히야
서로간 뛰어들어 패쌈 가담했다네야.

한쪽편이 정해진 수에 비해 20여 명씩이나야
불어나설랑야
동채꾼과 대장군도 입장 전에 벌써야
싸움은 이미 터져버렸다네야.

어느쪽 한 명이
넘어지자마자와
그위에야 싸울아비 수10명이야
드리덮쳤다네그라.

대여섯 명이나 동채꾼에 깔렸다기보단야
구경꾼 주민들 발밑 깔려 부상 당했다지러와.
때문에 '安東車戰 놀이'
본싸움 경기조차 또 중단돼버렸다네야.

다행히도야
크게 다친 사람은야
천만 다행 없었다네야.

째깃동채싸움 소규모 탈선 예를야
고대로 안고도야
혹자는야
"신령스런 '安東車戰 놀이'가야
난폭해져설랑은야
저질스런 투석전으로까지야
변했다."카면서야
이런 민속놀일 글쎄 쌍것들 놀음으로야
보는 이들도야 더러더런 있었다네그랴.

그러나야 이째깃동챗놀이는야
1940년까증도야
이지방 청장년들이야
해매중야
정월대보름마닥야
펼쳐 대판 놀던 놀이였네라와.

이놀이에야
같이 놀았던 이들 아직도야
많이 살아있었지러야.

安東 東西 洞·面 군데군데선야
잘 살고들 있었지러야.
고을끼리야
겨루는 큰정동채싸움이야
아니라 해도야
작은동네끼리야
견주는 작은쌔깃동채 싸움도야
유행했다지러와야.

지금은 자랑스런 국가 무형 문화재 제24호야
대통령상에 빛나는 가시내 지게뿔쌈
'安東車戰 놀이'라네야.

장관·총리·대통령 상 3관왕돼 빛나지만야
나라 민속 문화재로야
기리기리야
보호받고있지러야.

이놀이 '인간 문화재'도야
영예로이야
지정돼 세워져있고야,

해매중야
나라 재정 지원 받아가면서야
국가적인 모범 민속놀이 행사로야
발전돼가고 있다네야.

〈2020.10.8.술시. 筆洞 서애로 '自由文學'에서.〉

제21장 '安東車戰 놀이'(동채싸움) 경기 요령은야

大將은야
적 싸울아비들 주력속셈을 알고야
상대 주력이 파고드는 곳을 미리 알아차리고야
그곳을 잘 막아내야 한다지러야.

끝까지야
동채꾼 신변 안전을야
위해주곤야
끝까지야
머리꾼 많은 곳으로야
돌아가야 한다지러야.

끝까지야
동챗머린야
대각선이 유지돼야 하고야
끝까지야
동챗 사이는야
머리꾼들이 꽉 차있어야 한다네야.

大將軍은야
동채꾼들이 동채를 벗어나지않도록 해야하고야
꼭꼭 머리꾼뒤를야
동채째 따르도록 해야 한다네야와.

머리꾼은 흩어지면 안돼야
자기 동채에 너무 신경쓰지않도록 해야하고야
적머리꾼을야
온힘으로 밀어부쳐야 하네라야.

머리꾼쪽 틈새벌면야
얼른 되돌아와야
후퇴라도 해서야
적예봉을 피해야 했지러야.

만약 적군에 밀려나여
동채째 후퇴할 때면야
머리꾼들부터야
우선 죽을 힘 다해 방어해야 했지러와.

앞채꾼과 동채쪽편이 조금이라도야
물러나면야
공간이 생겨설랑야
재빨리 앞놀이꾼과 머리꾼이 모여들어
진용을 갖춰야 했지러와.

싸울아비들 적군이
회전·후퇴를 한다면야
그즉시야
반대로 돌려 맹공을 퍼부어야 했네라와.

뒷놀이꾼이나 뒤채꾼은야
대장군 신호나 구호를 얼른 받아
우군에게 알려줘야 하네라와.

느리면야
느릴수록야
기선을 빼앗기기 일쑤,

동챗머리는야
연속 전진 땐 턱을야 높이 쳐들곤야
물러날 적엔야
도로다지야
아래턱을야
낮춰야 하네라야.

서로 동채끼리 교차땐 공중으로야
솟구칠 적엔야
쌍방 동챗머릴야
후퇴시켜 박치기사골 벗어나야 했네라야.

이러저러나야
大將이나 동채꾼들이야
일사 불란
한몸 한마음돼 똘똘 뭉쳐 싸워야
이길 수가야 있다네야.

제22장 이기고지는 승부가림수엔야

동채꾼이 동채째깃기둥감을야
앞감당도 못해설랑야
땅바닥에 그냥 슬쩍 닿기만 해도야
진다지러와.

동챗기둥을 홀라당 빼앗겨도야
지는 법이라카이.
맨땅에 동챗기둥째 닿지않고야
통째 뺏기지않아도야
경기내내 밀리고밀려
비실비실 궁지에 몰리기만 한다면야
진배나 다름없었다네와.

경기 규칙을 벗어난대도야
진 거나 다른 바 없다니까야.
예의에 어긋난 행동이나 폭언·폭행으로도야
끝내 경기마저 중단케 한다면야
罰則敗지만도예
아직까중 그런 예는 한 번도 없었다지러예.

그야말로야
경상도 반촌 하고도야
안동 선비 양반들 땅에선야
양반골 '安東車戰 놀이'

동채쌈답게야 치르는
정동채싸움이라카이야.

제23장 동채싸움에 얽힌 고을인물들은야

많은 인물들이야
이민속놀이에야
얼기설기 섞혀있지만서도야
그이름들 일일이야
다야 밝힐 수는야
없다아이가야.

그러나야
米壽 때 증언해준 徐廷龍 翁이 있어야.
安東部 南先面에 안즉도야 그적까중
살고있었다네야.

여든 넷에 증언해준 安東市 廣石洞 林應夏 翁을 비롯
그외 일흔다섯 10여 老翁들도 있었지만야
모두모두 시방은
먼여행 떠나고야
집안엔 없을 기라예.

남긴 말씀들에 따르자면야
東西部 동채싸움 조직 명단이
고래로야 남아있었지러와예.

얽혀있는 조직 부서 기록 명칭은야
양편 다 똑 같았네야.
도감·부감독·大將·副大將·木手… 순이라 안카나와.

東部便 都監은 金瀅鎭(字·敬務, 택호·斗谷, '安東車戰' 해설자
金明漢의 先考.).
東部便 부도감은 權丙昇(字·순경, 택호·監察, 宗奇의 先代.).
東部便 大將은 金제일[廈鎭(字·선가)의 先代.].
東部便 副大將은 권희준(字·가동.) 權小岩(字·이연.) 권여유(최종자),
──부대장은 째깃동채싸움 때(소규모 시.)만 나섰네라.
東部便 木手는 '未詳'이었네라.
(그당시 고을에서도 이름난 목수들이 일을 맡아했지러.).

西部便 都監은 趙여빈.
西部便 副都監은 金戌銖(字·미경, 甲東의 先代.).
西部便 大將은 조여빈(도감 겸직.) 조자동(조여빈 대장의 後代.).
西部便 副大將은 權秉度(1972.11.당시 85세 생존자.)
黃富元(字·만석, 최종자.),
──(째깃동채싸움 때만 부대장이 등장.).
西部便 木手는 李石돌이었다지러와.

요즘은 演戲 때마다야
安高 청소년들이 양팔 걷고나와 출연을 하고있다네.
동원하기 편리해 행사 준비하기에도야
참 좋았다지러.
엄청 더 좋은 것은
詩人 義山 후배아우들이란 거 아닌가배야.

제24장 '安東車戰 놀이' 경기 심판 제도는야

원래는야
애초 처음부텀야
심판 제도라카는 제도는야
아예 없었다네카이야.

安東 끙끙이 양반들예
민속싸움놀이에까중야
무슨 심판까중이 필요했겠는가 카이야.

허나 항일기 1922년 최종 경연 행사 땐야
왜놈들 측에선야
심판 제도까중야
제멋대로 막 맹글어썼다카이야.

그나저나 허울뿐인 심판 제도래서카이와
그기능 제대로 상구 발휘하지도야
못했다카이그랴.

1966년 정초엔야
서울서 벌이는 전국 민속놀이 경연 대회에 참가하려고야
저멀리 안동땅에선
安東中 청소년들도 올라왔다지러야.

모두들 흰바짓저고리에,
　이마엔 따수건 질끈찔끈 동이곤야
　　　　어깻죽지엔야
　　　동챗기둥 걸머멘 채야
　서울 시가 행진까중 했다지러와.

　　　　양쪽 대장은야
　　　아래위 흰옷바람에야
　까망조끼두루마길 척척 걸친 채야
　장서방꿩깃을야 꽂은 전투모를야
　　　　덮어쓰곤야
　　　늠름하디늠름히도야
　　　　동챗기둥위에야
　　　　올라타곤야
　　　　억씨기도야
　　　재고잤니라 카이도야.

　　　　그다음해부턴야
詩人 義山 모교 安東高校 후배아우들과야
　　　부산 상고 학생들이야
　이경기에 참여해 서로서로야
　　　높뛰며즐겼다네야.

뿐만 아니라야
安東市 전예비군 부대에서까중도야
서로매중야
얼룩무늬 위장 군복을야
그냥 흘떡 걸친 채야
王建·甄萱 양군 싸울아비로야
출전해 밀고당기면서야
재밌게 재밌게야 놀아나주었다네야.

동채꾼 겉복장은야
예비군 군복 그대로지만야
대장군 복장만은야
예그대로였네라야.

이긴 쪽은야
신은 신발 고대로야
벗어 공중으로 던져올렸다지러.

허공중 신발들은 갈가마귀떼처럼야
새까맣게도야
날아올랐다네그랴.

'월사! 덜사!' 날뛰면서야,
춤추면서야,
공중 던져올렸다네라와.

진쪽은 그저 멍하니만 그냥 고자리 서서야
바라보고있기만 했니라와.

심판도 필요없이야
서로간에야
승패를야
잘도야
가려냈니라야.

오늘날까지도야
사실상 심판 제도는야
필요없는 헛제비제도였니라와.

〈2020.10.9.한글날. 筆洞 서애로 '自由文學'에서.→庚子年 冬至 巳時.→辛丑年 경칩날
'自由文學'에서 퇴고〉

제25장 '安東車戰 놀이'를 제도화하기까진야

우리나라 모든 체육 문화 부문 경기엔야
남의 나라에서 가져온
경기 종목들이 더 많았지러와.

시방은야
국적있는 민족·민속놀이 경기가야
필요한 때이라네야.

농구니·배구니·탁구니·축구니야…,
하는 것들도야
또한 레슬링·권투·야구·골프·탁구 경기까중도야
몽땅 서양꺼 앙인가배….

우리것은야
탈춤·4물놀이·광대놀이·씨름·태권도·동채싸움 기타
뒷전에 물러나있는
윷놀이·강강술래·놋다리밟기·탈춤·제기차기·지신밟기…
이딴 민속놀이들 뿐이라카이야.

시방 전국 체전 경기 문화 종목 중엔야
거지반 학교 체육 과목에 불과한
서양놀이들 그깟것들 뿐이라 카이네뭐.

국가 체육 교육 나라차원에서도야
뿌리가 있는 민족 문화·민속놀이 경기가야
꼭 필요한 시절이라네야.

그중 나라·겨레 차원에선야
훌륭한 민중 민속 경기 중 하나가야
바로 '安東車戰 놀이' 째깃동채쌈이었지라우야.

정동채·째깃동채·지게뿔쌈·보부상 등짐싸움·소금쟁이 지게뿔쌈이야
'安東車戰 놀이' 째깃동채싸움의
원형놀이 아닌가배.

나라차원 문화·체육 교육 경기놀이에선야
당연히야
'車戰'이 필요한 국민 민속놀이 중엔야
상으뜸이라카이야.

'安東車戰 놀이' 동채싸움만한 큰놀이가야
이세상 동서 남북 또 그어디에도야
있을까싶지않으이까네예.

제26장 경연 규모·규칙 요령은야

1.
요즘은야
주로야
정부 지원 행사로야
넓은 운동장에서야
'安東車戰 놀이'를 하게 됐네그랴.

학교 운동장이나야
군부대 연병장에서나야
지역 민간 단체 행사로 축소·전락해버린 게 걱정이네만.

옛날처럼야
몇만 명씩 모여드는 예는야
사그라졌버렸네야.
동채꾼·관중들 몇백 정도만 있으면야
됐네그랴.

초·중·고·대·성인 단체·군부대에서 경연할 적엔야
적당한 演戲 머릿수를 미리미리 정한 다음 논다면야
어떨낀가.

동채꾼이야
초등 학생일 경운야
약 2백여 명씩
중고등 학생일 경운야
약 2백 50여 명씩
대학생일 경운야
약 3백여 명씩,

각각 체격을야
감안해서야
정한다면야
기중 좋을 거라예.

동챗놀이 시합 시간도야
미리 정해놓고해야
좋지러야.

역시 체력을야
감안해서야
살펴본다면야
前戱·本戱로 나눠봐야겠지러와야.

초등 학생끼린 前戲 15분에,
본시합 30분 정도면야 될 기라예.
중고 학생끼린 15분에다 40분,
대학생끼린야
20분·50분이면야 좋을 기라예.

일반 남정네들 성인끼린야
前戲 20분에다야
本戲 60분 정도라면야
젤 적당하겠지러야.

2.
동챗규격(A형 경우)도야
체격과 맞먹게 짜야겠네야.

초등엔 体木 길이 3백~3백 50센티에다야
뒷폭은 体木 길이의 2분의 1간격,
교차점은 体木 머리에서야
20센티 지점에
쿵, 발판 후단 위치는야
体木의 2분의 1지점이면야
그만이겠네야.

중고 째깃동채 규격(A형 경우)은야
体木 길이 4백~4백 50센티에다야
뒤폭 体木 길이의 2분의 1간격,
교차점은야,
짧게는야 10센티,
길게는야 20센티 쯤이면야 되겠니라야.

쿵쿵, 발판 후단 위치는야
体木의 2분의 1지점쯤.

대학부는 体木 길이 4백 50~5백 센티 쯤이라네예.
뒤폭 体木 길이의 2분의 1거리에예
교차점은,
짧게는 15센티,
길게는야 25센티에다,
쿵쿵쿵, 발판 후단 위치는 体木의 2분의 1지점쯤.

남정네들 일반 성인 경기때는야
体木 길이 5백~5백 50센티라면 그만이지러.
뒤폭 体木 길이의 2분의 1간격에
교차점은,
짧게는 15센티,
길게는 25센티.

단, 초·중고·대·성인부 体木 길이는 긴편이지러와.
그외 규격은야
동챗구조와 그들 몸체를 참조해야겠니라야.

규격 정할 땐
한 5퍼센트 정도는 항시 여유가 있어야 했니라왜.

3.
복장얘기도야
있어야겠지러와.
大將이 쓰는 모자는야
맹 그대로야 벙거지,

아래윗옷은 흰운동복에 청홍색 윗옷,
신발은 검은장화면야
딱 어울리겠네라야.

동채꾼은 운동모에
따수건이면야
딱 그만이라야.

아래위 걸칠 걸옷은야
하얀운동맞춤복일레라와.

신발은 보나마나야 육상 운동화나야
일꾼들 농구화에야
계절봐서야 상반신 차림새는예
또 裸体로 홀딱 벗겨봐도 좋겠니라와.

앞채꾼 꾸밈새는야
일반 동채꾼과 구별되는 복장이면 딱이라네야.
특권있는 훈련된 싸울아비들이니까야
아주 색달리야
표를 내 꾸며봐도 좋겠니라야.

4.

조편성 땐
소수 인원끼리 부대 배치할 적에사야
서로서로 임시 교대·수시 교대가 가능해야겠지러.

大將 신호 방법은야
지휘 신호에 따르는 것도야
좋겠지만서두야
'손바닥 신호' 대신은야
작은깃발 신호가야
좀더 괜찮겠네라야.

빛깔구별은야
청색(청군)·백색(백군)으로 하든지야
빨강·노랑 혹은 파랑으로 하든지야
그건 그때 장소·형편따라예
달리해도야 좋겠구만그랴.

각종 색다른 깃발이나야
4물놀이 농악 동원도 골라 놀 수 있겠네야.
시대가 시대이니 만큼 변화를야
가져와도야 좋겠지러야.

東西部 표지 기치 외엔야
王建軍도 좋고야,
甄萱軍도 좋고야,
'令'字旗도 좋겠네라와.

대여섯 깃발들이야
양편서야 휘날리는
그런 멋도야 있어야겠지러.

색다른 맛깔도야 내는 '安東車戰 놀이'가
될수록야
더더욱 좋겠니라와.

5.
벌칙을 매겨야 할 일도 종종 생겼지러야.
그래 大將軍이나 동채꾼이나 머리꾼·앞채꾼 모두모두야
제할 일 있고없는 처지도 가려줘야 하겠지러야.

우선 大將軍은야
동채꾼 신변도야
고려않고선야
함부로야
제멋대로야
행동하면야
안되지러야.

상대방 동채째기도야
함부로야
잡아당겨서는야
안된다네그랴.

싸울아비들은야
大將軍을야
함부로야
공격하면야
안된다카이야.

머리끈은야
머리끈 자기팔을야
풀어버리면야
안되는 법.

동채끈도야
지어깨로만야
밀치거나야
막아내야지러왜
상대방을야
마구 폭행·공격하면야
절대로야 안된다챘네야.

앞채끈은야
앞채끈 대로야
따로따로야
행동하면야
위반이라챘네야.

자기편 동채짝에서야
2미터 이상 선을야
벗어나면야
안되니라야.

따로식 특권 행사는야
펼치지 못하게야
막아야 했니라야.

만약 大將이 동채위에서 아래로야
떨어질 경우엔야
제자리로 올라가 설 여유를 줘야 하네라야.

다만 동챗기둥을야
다시 잡아챘을 경우엔야
예외이기도야 했네라야.

즉각 복귀않거나야
일부러 멀리멀리 떨어져선야
더더욱 안되니라야.

머리꾼들 신변이 위태로워질 적엔야
양편 모두가야
공격 행동을야
즉각 멈춰야 한다카이야.

그럴 리는 없겠지만서도야
갑자기야
옆구리나 뒤통수를야
쳐서도야
안된다네그랴.

어디까지나야
정면 공격은야
일직선상 충돌 지점에서야
10도나야 15도 각도까지만야
인정해야 하지러와.

이러저러나와 심판이 있을 때는야
그 심판 명령 빨리빨리 움직이고 따라줘야
한다네야, 글쎄.

'심판'을야
사전에야
세울라치면야
주심엔야
한 명,
부심엔야
두세 명씩이면야
된다네그랴.

그러나야 부심은야
한 대여섯쯤 두는 게야 좋겠네야.
주심은야
행사 진행, 각종 심판 권리를야
갖게 됐지러야.

부심은야
주심앞에선야
자문에만 응해야 하겠니라와.

물론 주·부심 자리는야
일반보다야
더 높은자리에 있어야 하니라와.
부심들은야
동채꾼관 다른 모습으로야
차려입고선야
좌우 앞뒤 움직임을야
감시라도야 해야 했네라그라.

'심판'은야
신호총과 호각을야
사용해도야 무방했니라야.

〈2020.10.9.한글날. 筆洞 서애로 '自由文學'에서.→庚子年 冬至 巳時.→辛丑年 경칩날 '自由文學'에서 퇴고〉

제27장 뒷머리시 먹이기

'東部야! 워!'라매야
'西部야! 워!'라매야
'이이히!'카며야
'밀어라!'카며야
'월사! 덜사!' 외쳤다네 카이야.

백말탄 채야
후백제 甄萱이는야
혼자야 도망쳤다카이네야.

지렁이장군은야
꿈틀음틀 하면서야
도망질 쳤다카이네그라.

'월사! 덜사!'(越沙遁死) 외침소리엔야
가수내(佳水川) 흰모랫 사장
뒤도야 안돌아보곤야
도망쳐 모래밭껠 뛰어넘어갔네라와.

安東 甁山城 싸움선야
홀딱 속아 진 후백제 지렁이장군 甄萱은야
단말마로야
도망쳐선야
公山城으로야
되돌아갔다네그랴.

'윌사! 덜사!' 후렴소리에
'安東車戰 놀이' 동채싸움·싸울아비들은야
이싸움 고려 통일 가져다준 지게뿔놀이란 걸 알았지러야.

역사상 남의 나라 간섭없이야
순전히 우리끼리야
한집안 꾸렸다는 걸사야
오직 우리끼리 힘만으로만 자주 통일한
황금빛 고려땅 아닌가배와!

오랜 전통을야 지녀온
민중 전장 전승놀이라 카이네야.
대장 한 사람 손짓아래야
수천 수만 군중이 이리저리 일렁였네라 카이야.

하나같이 일사 불란 움직이는
통일힘 행동놀이였어야.
협동·단결·승리를야
거둘 수 있는야
순사나이들 새해 설맞이 놀이였어라야.

장정들 용감성과 상무 정신을야
보여주는
민중 협심 째깃동채놀이였네라그랴.

향토 문화 官民 정신 살려내는 '安東 양반'들
숨겨둔 지게뿔놀이였네라야.
한민족 주체성을 살려주고도야
국민 정신 드높이도야
함양시켜주는야
민족 민중 현장 전승놀이였어라야.

옛전승놀이 '安東車戰 놀이'는야
웅장한 동채싸움놀이였네야.
이놀일야
安東 양반들 다행히도야
고스란히야
예대로야
이어받아 보여주고 있다네그랴.

南北이다에,
영호남이다에,
우파·좌파다에…,

이런 어지러운 이나라 정치와야
국제 문화 정보 정치 시절엔야
운동권이다야,
아니다야,
진보·보수다야,
서로 불어 아옹다옹하는 정치판엔야,

기다에, 아니다에,
서로가야
찔러따지는 소인배들 말쌈시대엔야
의식·무의식 사회 심리학적으론야
불안해하는 청소년·장년들 앞에설랑은야
이 '安東車戰 놀이' 하난야
한겨레 민중들 정신 연마놀이나 매한가지 효과라카이야.

군 병영 병사들 놀이로도야
한몫들을야
하겠니더야.

'安東車戰 놀이' 동채싸움놀이는야
흡사 6·25 후 벌어진 한미 군사 훈련같아서야
이러한 한미 군사 훈련이라면야
싹 없애버려도야
무방하겠네그려야.

우리돈 들여서야
우리땅에서야
한미 군사 훈련하느니보단야
차라리야
순수한 '安東車戰 놀이'나야 하는 게
더 보기좋겠네라와야.

고려 통일하듯야
金氏네와야
그집안 안팎과야
우리도야
南北 자주 통일하는 횡재 비법을 배워야겠네야.

조국 강산 평화 통일
겨레행복 정신에도야
이 '安東車戰 놀이' 동채쌈은야
약방 감초감은야
되겠네라와야.

'安東車戰 놀이' 정동채·약식 째깃동채놀이는야
이놀이는야
고려나라 조선 후세사람들에게도야
大韓國 국무 회의에서야
국가 중요 무형 문화재 제24호로야
지정까지 받았다네그라.

그후 온나라에선야
국민 경기 종목으로야
보급되고야
있었다네와.

우표에까지야,
영화로도야 찍혀
세계 만방에야
돌려졌다네그라.

地球村 4방군데야
내보낸
우리나라 남정네들 동채기둥힘자랑을야
'安東車戰 놀이' 동채짝에다야
실어내
활짝 펼쳐보여줬네라야.

문화(공보)부 시절 담당 공무원도야
물론 마카 고맙지만야
특히 당시 문교부(교육부) 洪鍾哲 장관 도움은야
무척이나야
컸다네라
그카이와.

각 학교 체육 교육 과정에다야
車戰 놀일 심어 넣어
크게도야
밀어주었다네그라.

당시 문화재 위원인
任東權 민속학 전문 교수도야
安東 교육 대학 柳增善 교수의 수고스러움 또한야
잊지 못할 일이라네야.

深泉 金明漢 선생은
동채싸움 車戰 놀이
이 '동채싸움 安東車戰' 놀일 책으로 써서야
귀중한 자료를야
제공해주었지러야.

金翁 책은
사)'안동 차전놀이' 보급회에서도 공급했지러와.
1972년 11월 첫출판에,
'74년 5월엔 訂正 3판을 펴내
홍보용으로야
열심히들 돌렸네야.

각각 1천 부씩 3판까지야
돌렸다네그랴.

내가 수10년 걸려 쓴 4백여 매 이 實學長詩
'安東車戰 놀이'는야
바로 金明漢 선생의 '동채싸움 安東車戰' 책에서
소재(글감)를 빌었네라와.

이 金翁 책이 아니었더라면야
이 서사적 민속놀이 대하 大長詩 역시도야
이세상엔 못 나올 뻔도 했다네야.

난 45년 전 '동채싸움 安東車戰'을야
읽고난 뒤엔야
불광동 언덕빼기셋집에서야
'안동 차전놀이' 짧은시 한 편 쓴 게
어이쿠야
바로 이 대서사적 장시집 첫머리시가 될 줄은야
정말정말 몰랐다네그랴.

그 '앞머리시'는야
1975년 9월 24일 북한산기슭 불광마을 밤에야
불광언덕 말에서야
신새별* 동무짝 현정이네집 월세살이 시절
안방 밥상 펴놓고 밤에 쓴 시였다네야.

이장시 소잿거리 글감 자료집이 된 책이란 말이지야.
'동채싸움 安東車戰' 안표지에다야
빨강글로야 쓴 몇 줄의 시였다네야.

내 시 '安東車戰 놀이' 첫머리 짧은시
단 6연 40여행 한 편이 글쎄야
이 기나긴 민중 동채싸움편 장시 한 편 4백 3매
시집 한 권 분량으로 둔갑했다네그랴.

이 짧은 미발표 '앞머리시 소리잇기' 한 편이 남아있어
참 다행이었네그랴.
45년 뒤 약 반세기만에야
이 서사적 장편 장시집이 완성돼나왔다네그랴.

시인 나이 만으로 딱 傘壽 앞뒤 무렵
筆洞 3가 서애로 '自由文學' 대표 시절에야
하루 책 세 권씩 읽어가면서야
'自由文學' 교정쇄도 매일매일 돋보기로야
어루어 보면서야
집에서나 사무실에서나야.

---

*아동 문학가. 〈自由文學〉 발행인. 시인의 외동딸임.

중구 筆洞에선 '국악 방송'을야
집에서는야
'상생 방송' 인문학쪽 말그림 듣봐가면서야
筆洞 서애로 27 '도서 출판 天山' 책도 편집해 펼쳐내면서야
한눈도야
옆눈길 팔지않고야
맨날맨날 쓰고읽곤야
또 썼다네그려.

을지 장군엔 을지로,
충무 장군엔 충무로,
서애 대감엔 서애로
바로 그옆동네
남산골 선비촌 筆洞 '自由文學' 편집실에선야
거의 義山이 뒷마무릴 다 했다네야.

그래도야
아직은야
시인의 퇴근길은야
멀었다네그려 카이야.

시인에겐 화려한 토요일도야
술마실 일요일도야
없었지러그랴.

下壽老人 되어 '安東車戰 놀이'를야

눈앞에 펼쳐둔 채야

시벗길놀이는야

먼여행길 '逍遙遊'라 캐도야

老詩人에겐야

멀기만 했다카이야그래.

〈 2020.10.9.한글날. 筆洞 서애로〈自由文學〉에서.→庚子年 冬至 巳時.→辛丑年 경칩날 '自由文學'에서 마지막 퇴고〉

天山 詩選 147

4358('25). 9. 29. 박음
4358('25). 10. 2. 펴냄

申 世 薰 장편 대하 長詩

안동 차전 놀이

지은이	申 世 薰
펴낸이	申 世 薰
잡은이	신 새 별
판본이	辛 宙 源
판든이	신 새 해
판든이	金 勝 赫
펴낸곳	도서 출판 天 山

04623.서울시 중구 서애로 27(필동 3가). 서울 캐피털빌딩 302호 '自由文學' 출판부.

등록 1991.10.31. 제1-1269호

전자 우편·freelit@hanmail.net

ISBN 979-11-92198--20-0 03810

☎02-745-0405 (F)02-764-8905

*잘못된 책은 바꿔드립니다.

값 16,000원